Mein Rübezahlbuch

Otfried Preußler

Mein Rübezahlbuch

Zwei Dutzend
und drei Geschichten
vom Herrn des Riesengebirges

Mit Illustrationen von
Herbert Holzing

Thienemann

Dem Andenken meiner Mutter,
die ihre Kinderjahre
im Riesengebirge verbracht hat

Eine Geschichte zuvor

In Rübezahls Reich

Es war eines schönen Sommertages, die großen Ferien hatten gerade angefangen. Der Junge war damals acht Jahre alt, er durfte den Vater heute zum ersten Mal ins Riesengebirge begleiten. Von Reichenberg fuhren sie mit der Eisenbahn bis zur letzten Station vor der böhmisch-schlesischen Grenze. In den Tälern stand das Getreide noch auf dem Halm, das Heu war schon eingebracht. Aus den Bauerngärten leuchteten Rosen und Nelken hervor, Königskerzen und Rittersporn, Eisenhut, Ringelblumen und Kugeln von buntem Glas.

Über Harrachsdorf ging es zu Fuß ins Gebirge hinauf, Seite an Seite stiegen sie durch den Hochwald bergan. Unwillkürlich musste der Junge an Rübezahl denken. Er hatte vom Herrn des Riesengebirges schon manches gelesen und viel gehört.

»Gibt es den Rübezahl wirklich?«, wollte er wissen. »Und stimmt es auch, dass er böse wird, wenn ihn jemand beim Namen ruft?«

»Rübezahl ist sein Spottname«, antwortete der Vater. »Man sollte ihn im Gebirge lieber nicht allzu laut aussprechen, besser gar nicht.«

»Und – sein richtiger Name?«

»Darüber gehen die Meinungen auseinander. In alten Büchern wird behauptet, er heiße ›Dominus Johannes‹. Das ist ein lateinischer Name, von Mönchen erfunden. Sein wirklicher Name ist das wohl auch nicht. Der wird ein Geheimnis bleiben – wie seine Herkunft, sein Aufenthalt, seine wahre Gestalt.«

Nach zwei Stunden begann sich der Wald zu lichten, sie näherten sich der Baumgrenze. Ein paar schüttere Fichten säumten hier noch den Weg, knorrig und krumm, die Wipfel vom Sturm zerzaust. Bald traten sie endgültig aus dem Schatten der Bäume ins Freie hinaus.

Es war luftig hier oben, über die Bergwiesen strich der Wind. Hie und da ein paar Felsbrocken mitten im kurzen Gras. Dann und wann eine flache, mit Knieholz bestandene Mulde. Da und dort das mit Schindeln gedeckte Dach einer Baude, so wurden im Riesengebirge die Häuser der Bauern, die Unterkünfte genannt.

»Rübezahls Reich!« Der Vater beschrieb mit der Hand einen weiten Bogen.

Vom Kamm des Gebirges hatten sie einen prächtigen Ausblick nach allen Seiten. Nicht weit entfernt lag die Schneegrubenbaude mit ihrem verwitterten Turm. Dahinter waren die Mähdelsteine zu sehen, das Hohe Rad – und in blauer Ferne die Schneekoppe. Wenn sie nach rechts blickten, sahen sie weit nach Böhmen hinein, nach links hinüber ins Schlesische.

»Was für ein schöner Tag heute!«, rief der Junge begeistert aus. Und wirklich, der Himmel war hoch und klar und von reinstem Blau. Bis auf ein winziges weißes Wölkchen, das sich von ferne sehen ließ.

Von der schlesischen Seite kam eine lärmende Schar junger Leute den Weg herauf, städtisch gekleidet, bei bester Laune. Die jungen Herren schwenkten ihre Strohhüte, die Sonnenschirme der jungen Damen leuchteten fröhlich in bunten Farben, das sah sehr hübsch aus.

Einer der jungen Männer trug eine gelbe Weste, er hatte sich um den Hals eine rote Schleife gebunden; nun stieg er auf einen der Felsbrocken, die am Wegrand lagen. Einem Kapellmeister gleich, hob er unter lautem Hallo und Gelächter der Übrigen den Spazierstock. Auf sein Zeichen hin riefen die ausgelassenen jungen Leute im Chor, dass es weithin übers Gebirge schallte:

»Rübezahl! Rübezahl!
Wenn's dich gibt,
Dann zeig dich mal!«

Es schien, dass der törichte kleine Vers ihnen über die Maßen Spaß machte. Sie konnten sich kaum genugtun ihn wieder und immer wieder zu rufen, ein Dutzend Mal mindestens:

»Rübezahl, Rübezahl!
Wenn's dich gibt,
Dann zeig dich mal!«

»Komm weiter!«, drängte der Vater, halb scherzend und halb im Ernst. »Wenn Rübezahl schlechter Laune ist, kriegen sie eins aufs Dach!« Er wies auf das harmlose kleine Wölkchen am Himmelsrand. »Wer weiß, was daraus noch werden mag. Das geht manchmal sehr schnell hier …«

Und wirklich! – es dauerte keine Viertelstunde, da hatte

der Himmel sich schon verfinstert. Dort, wo das Wölkchen gestanden hatte, zuckten aus einer drohenden Wetterwand erste Blitze herab, dann setzte der Wind ein, in jähen Stößen fegte er über die Wiesenhänge, die Krüppelkiefern.

»Rasch zu den Felsen dort!«, rief der Vater. »Sie werden uns schützen!«

Gerade noch rechtzeitig kamen sie bei den Felsen an und verkrochen sich unter einer überhängenden Steinplatte. Draußen prasselte jetzt der Regen nieder, vom Sturm gepeitscht. Und es blitzte, es donnerte ohne Unterlass!

Solch ein Unwetter hatte der Junge noch nie erlebt. Nur gut, dass sie hier in Sicherheit waren!

Und die schlesische Wandergesellschaft, die übermütigen jungen Leute? »Ach Rübezahl!«, dachte der Junge. »Lass gut sein für diesmal, die sind genug bestraft!«

Rübezahl schien die Meinung des Jungen zu teilen. Ein greller Blitz noch, ein grundgewaltiger Donnerschlag. Dann ein letzter wütender Windstoß – und plötzlich war alles still draußen. Wenige Augenblicke danach schien wieder die Sonne herab auf die dampfenden Bergwiesen, auf das Knieholz.

»Was für ein Glück, dass das Wetter uns nicht im Freien erwischt hat«, meinte der Vater. Erleichtert krochen sie unter der Felsenplatte hervor und blickten sich um.

Mit hängenden Köpfen kamen die städtischen Wandersleute herangetrottet. Die Strohhüte der jungen Herren waren vom Regen aufgeweicht, die jungen Damen hatten die Sonnenschirme zugeklappt. In ihren durchnässten Sommerkleidchen sahen sie wie gebadete Hühner aus. Allen stand noch die blanke Angst im Gesicht, eines der Mädchen weinte.

»No – Hauptsache, dass Sie heil und ganz sind!«, tröstete sie der Vater. »Nehmen Sie einfach den Weg nach links hinüber, dann werden Sie bald in der nächsten Baude sein. Dort gibt's wollene Decken, dort gibt's einen heißen Tee für Sie. Und noch etwas, meine jungen Herrschaften – nehmen Sie sich's zur Lehre: Den Herrn der Berge sollten Sie nicht ein zweites Mal necken!«

Kaum war er mit seinen Worten zu Ende, da grollte noch einmal ein ferner Donner nach. Und die Wetterwolke, nach Osten davongezogen, hinter die Schneekoppe, nahm die Gestalt eines riesigen schwarzen Mannes mit hohem Hut und wehendem langen Bart an – für wenige Augenblicke nur.

Die wenigen Augenblicke genügten mir, dass ich verstand, welches Zeichen der Herr des Riesengebirges uns damit geben wollte: Noch lebt, noch regiert er, der alte Heide, in seinem Reich an der Grenze zwischen den Ländern Böhmen und Schlesien, groß und mächtig und unbestritten wie eh und je.

Das erste Dutzend

Verschmähte Liebe

Weit liegt der Tag zurück, an dem wir uns unter der Felsenplatte vor Rübezahls Donnerwetter verkriechen mussten, der Vater und ich. Im weiteren Leben habe ich's dann mit dem Herrn des Riesengebirges noch zweimal zu tun bekommen – doch davon später. Zunächst soll von seinem Namen die Rede sein, über dessen Bedeutung die Meinungen auseinander gehen. Weithin verbreitet ist jene Erklärung, die auf eine zwar hübsche, jedoch unglaubwürdige Romanze zurückgeht, die sich der Weiland Hofmeister zu Weimar Johann Karl August Musäus, ein Zeitgenosse Goethes, für seine »Volksmärchen der Deutschen« ausgedacht hat:

Der Herr des Riesengebirges sei eines Tages aus hundertjährigem Schlaf erwacht. Ausschau haltend von luftiger Bergeshöhe: Was habe er da in der Weite der schlesischen Lande erspäht, am Rand eines Teiches? – Eine Prinzessin von großer Schönheit und Anmut, wir wollen sie Hedwig nennen. »Die oder keine!«, habe es ihn beim Anblick des hochgeborenen Mädchens durchzuckt. Auch Berggeister seines Ranges scheinen für weiblichen Liebreiz nicht unempfänglich zu sein.

Der Herr der Berge weiß sich zu helfen. Kraft seiner Zauberkünste entführt er die schöne Hedwig, die sich gerade anschickt ein Bad zu nehmen. Plötzlich sieht sie sich in sein unterirdisches Reich versetzt. Gold und Edelsteine, wohin sie blickt. Opale, Smaragde, Rubine, Türkise und Diamanten. Das glitzert und funkelt, das strahlt und leuchtet in allen Farben des Regenbogens.

Fürs Erste ist sie von so viel Reichtum geblendet, die schöne Prinzessin. Fürs Zweite erschrickt sie in tiefster Seele, wie nun der Berggeist ihr in Gestalt eines stattlichen Edelmannes entgegentritt, sie um Herz und Hand bittend.

Hand und Herz seien längst vergeben, erwidert sie ihm, und zwar an den Sohn des Fürsten von Ratibor. Hierauf der Berggeist: Sie wäre die erste Braut nicht, die ihrem Anverlobten den Laufpass gäbe. Sofern sie Bedenkzeit wünsche – acht Wochen erschienen ihm angemessen.

Damit hat die Prinzessin zunächst einmal Aufschub gewonnen, das ist schon viel. Und den Aufschub gilt es zu nutzen. Zum einen muss sie dem unterirdischen Felsenkerker entrinnen; zum andern muss sie versuchen dem Bräutigam Nachricht zu geben, auf dass er sie aus der Gewalt des Berggeists errette.

Anderntags, da der Herr des Gebirges sie wiederum aufsuchte, traf er sie matt und betrübt an. Sie litte hier unten an Langeweile und Einsamkeit. Keine Hofdamen weit und breit, keine Spielleute, weder Possenreißer noch Luftspringer, wie von daheim gewohnt. Schlimmer noch: In der Bergestiefe fühle sie sich wie eingekerkert, es fehlten nur noch die eisernen Ringe um Hals und Fußgelenke, nur noch die Ketten.

»Dem können wir abhelfen!« War nicht der Berggeist ein

Meister in allen geheimen Künsten? Er zog aus den Falten seines Gewandes ein schwarzes Stäbchen hervor. »Berühre damit, o Gebieterin meines Herzens, die Felsenwand!«

Hedwig gehorchte – und siehe, die Felsen taten sich vor ihr auf, den Weg an die Oberwelt freigebend. Drei, vier Stufen empor, und sie stand unter Gottes Himmel, mitten in einem Lustgärtlein voller Blumen und blühender Sträucher, mit weitem Ausblick ins Land hinaus.

Nicht genug damit! Ihr Anbeter legte der Schönen ein Körbchen mit Rüben zu Füßen. »Berühre auch sie mit dem Stab – und wünsche dir deine Hofgesellschaft herbei, je nach Lust und Laune!«

Zwei Dutzend Rüben, ein Zauberstab. Die Prinzessin versuchte ihr Glück. Zunächst ließ sie ihre Damen erscheinen, gekleidet nach allerneuester Mode, gepudert, geschminkt und zierlich frisiert: eine Herde von fröhlich schnatternden jungen Gänschen. Es folgten Spielleute, Gaukler und Luftspringer, gleichermaßen aus Rüben hervorgezaubert. Heißa, juchheißa, immer hübsch lustig und hopsasa!

Die Prinzessin zeigte sich hocherfreut, fürs Erste hatte sie nun Gesellschaft nach ihrem Geschmack. Doch Rüben sind eben leider Rüben. Und Rüben – ob rote, ob gelbe – beginnen nach Kurzem zu welken. Die Hofdamen, gestern noch jung und ansehnlich, bald schon wurden sie fahl und runzelig.

Und die Gaukler, die Possenreißer, die Luftspringer? Zittrige Männlein wurden sie binnen Kurzem, zahnlose Tattergreise mit hängenden Schultern und Knickebeinen: ein Bild der Vergänglichkeit und des Jammers auch sie.

»Du sollst deinen Hofstaat nicht missen!« Der Herr des

Gebirges brachte der schönen Hedwig ein neues Körbchen voll frisch geernteter Rüben. »Für ein paar Tage werden sie reichen, dann gibt es neue.«

Er konnte nicht ahnen, dass es der armen Prinzessin weniger um den Hofstaat ging! Während die Hofdamen kichernd die Köpfe zusammensteckten; während die Luftspringer ihre Kunststücke darboten; während die Spielleute sich mit Lauten, Flöten, Zimbeln und Geigenspiel hören ließen, kannte die schöne Gefangene nur den einen Gedanken: »Wie der Gewalt des Geistes entrinnen, der mich geraubt hat?«

Sechs Wochen waren ins Land gegangen, unaufhaltsam verrann die Zeit. Abermals war ein Hofstaat dahingewelkt, wiederum brachte der Herr des Gebirges der schönen Hedwig ein Körbchen voll frischer Rüben dar.

Wie lange die Rüben denn reichen würden, wollte sie wissen, sie fragte es eher nebenbei.

»Da seid unbesorgt, Schönste. Ich bin neuerdings im Besitz eines ausreichend großen Rübenfeldes, eigens zu Eurer Verfügung angelegt.«

Voller Stolz wies der Berggeist auf einen langen und breiten, mit Rüben bepflanzten Acker zu Füßen des Lustgärtleins.

Beim Anblick des Feldes verfiel die Prinzessin auf einen Gedanken – dies konnte die Rettung sein! Wie von einer plötzlichen Laune ergriffen, klatschte sie in die Hände und meinte, ob wohl die Rüben ausreichten, eine ganze Hochzeitsgesellschaft herbeizuzaubern?

»Gewiss doch!« Der Berggeist führte die Hand zur Brust und verneigte sich tief vor ihr. »Schon morgen, Schönste, können wir Mann und Frau sein!«

Darüber ließe sich reden – zunächst aber wollte sie wissen, wie groß die Schar ihrer Hochzeitsgäste wohl sein werde, schon der Gedecke wegen, die man für sie bereitlegen müsste. »Begebt Euch also, mein Herr, auf den Acker hinab und zählt mir die Rüben, die dort heranwachsen – aber dass Ihr Euch nicht verzählt, das wäre mir peinlich!«

Da blieb nun dem Berggeist nichts anderes übrig, er musste hinab auf den Acker und Rüben zählen. Er nahm sich gehörig Zeit dazu, was auch nötig war. Rüben wuchsen, wohin er blickte – Rüben, Rüben und nichts als Rüben. Er zählte genau, er zählte langsam und voller Sorgfalt.

Dies nutzte die schöne Gefangene, um dem Prinzen von Ratibor eine Nachricht zu schreiben: »In den Sattel – und mir entgegen! Erwarte mich, Liebster, am Fuß des Gebirges!«

Sie verwandelte eine der Rüben aus ihrem Körbchen in eine Elster, die sandte sie mit dem Brief an den Prinzen los. »Flieg hin zu ihm, meine gefiederte Botin – ach, flieg zu ihm hin!«

Der Herr des Gebirges hatte von alledem nichts bemerkt, er zählte und zählte weiter, hübsch langsam und voller Sorgfalt: Rüben, Rüben und nichts als Rüben. Bis zum Ende des Feldes brauchte er eine gute Stunde. Nun hielt er es für geboten, die Gegenprobe zu machen. Um sicherzugehen, zählte er alles noch einmal von vorn.

Die kluge Hedwig entnahm ihrem Körbchen die kräftigste aller Rüben, die ihr verblieben waren. Und kaum dass der Berggeist aufs Neue zu zählen begonnen hatte, verwandelte sie die Rübe flugs in ein edles Reitpferd, gesattelt und aufgezäumt.

Sie schwang sich hinauf – und ohne dass es der Rübenzähler gewahrte, ritt sie davon. Im gestreckten Galopp ging es über Stock und Stein, hinunter nach Schlesien!

Die Elster hatte getan, was sie konnte. Am Fuß des Gebirges kam der schönen Prinzessin ihr Prinz schon entgegengeritten. Eine Umarmung von Sattel zu Sattel, ein rascher Kuss – und Seite an Seite weiter, weg vom Gebirge, hinaus in die Freiheit!

Als der Berggeist die Flucht entdeckte, war es zu spät. Gewaltiger Zorn übermannte ihn; doch was half es ihm, dass er versuchte die beiden mit Blitz und Donner zu treffen, mit Sturm und Hagelschlag? Zu lange war er mit Rübenzählen beschäftigt gewesen, schon waren die hochgeborenen Brautleute seiner Herrschaft entronnen, der riesengebirgische Herr vermochte sie nicht mehr daran zu hindern, ein Paar zu werden.

Er hatte den Schaden, er hatte den Spott davon. Und fortan, sofern man geneigt ist Musäus zu glauben: Seit jenem schimpflichen Possenspiel als verschmähter Liebhaber führe der Herr des Riesengebirges den Spottnamen Rübezahl.

Der Klausensepp aus Tirol

Rübezahl – ein geprellter Liebhaber? Das hieße doch wohl den mächtigen Berggeist über Gebühr auf menschliches Maß verkleinern. Der alte Dittrich, mein Deutschprofessor in Reichenberg, wusste es anders, er wusste es besser. Er hat in gelehrten Kreisen die Ansicht vertreten, in Rübezahls Namen steckten die Wörter Rüpel und Zagel, etwa im Sinn von »Geschwänzter Unhold« – ein unflätiges Schimpfwort mithin, von Bergleuten, Holzknechten, Aschenbrennern und Köhlern ihm angehängt. Als Schimpfwort erscheint der Name bezeichnenderweise schon in der ersten aller Geschichten, die uns von ihm überliefert sind, sie findet sich in der Chronik vom Jahre 1576 des Ratsschreibers Simon Hüttel im böhmischen Städtchen Trautenau.

Damals, so weiß der Chronist zu berichten, hätten Bergleute aus Schwaz in Tirol auf der riesengebirgischen Herrschaft Trautenau nach Silber und anderen Erzen geschürft. Man hatte sie kommen lassen, da sie im Berg- und Hüttenwesen bewanderte Leute waren, die weit und breit ihresgleichen nicht hatten. Zunächst war es Sache der Rutengänger gewesen, mit ihren Wünschelruten die Erzlager aufzuspüren; dann hatten die Bergknappen mit Hammer und

Schlegel tiefe Stollen in die Abhänge des Gebirges getrieben; und schließlich waren die Hüttenleute darangegangen, im Tal der Aupa ihre Pochwerke und Schmelzöfen zu errichten.

Nicht immer geriet der Abbau nach Wunsch und Hoffnung. Mancher Erzgang erwies sich als taub; manche Ausbeute war geringer, als man erwartet hatte; und immer wieder geschah es, dass Wasser in einen der Stollen einbrach, dass Gruben vorübergehend oder für immer absoffen.

Die Schwazer Bergleute brauchten nicht lang herumzurätseln. Im Zweifelsfall war es der Herr und Gebieter des Riesengebirges, der daran schuld war: einer von jenen unterirdischen Geistern, die ihnen schon zu Hause, im Land Tirol, das Leben vergällt hatten, eifersüchtig über den Schätzen der Tiefe wachend.

»Ei du verdammtes Rabenaas!« Die Bergleute nahmen dergleichen Tücke nicht ohne Murren und Fluchen hin. »Dass dich der Herrgott schinde ob deines Neides und deiner Possen, verfluchter Rübenzagel!«

Die Pochwerke und die Schleifmühlen, insbesondere auch die Wasserkünste, mit deren Hilfe die Knappen die abgesoffenen Stollen freipumpten, wurden vom Wasser der Aupa angetrieben, eines Flüsschens, das je nach Wetter und Jahreszeit heute rauschte und brauste und toste, um anderntags wieder harmlos dahinzuplätschern, als sei es die Sanftmut selbst.

Die Schwazer Bergleute waren Kummer gewohnt, sie zimmerten Klausen im Tal der Aupa – heute würde man sagen: Sie stauten die Wasser des Flüsschens mit Hilfe von Dämmen und hölzernen Wehren auf, die mit Schleusen versehen waren. Dies gab ihnen nicht nur die Möglichkeit, die Kräfte der Aupa je nach Bedarf zu steigern oder herabzumindern – sie bedienten sich der aufgestauten Wasser auch, um die gewaltigen Mengen an Brennholz und Bauholz ins Tal zu schwemmen, die für den Bergbau benötigt wurden.

Die Errichtung der Klausen oblag den Holzknechten unter Aufsicht des Klausenmeisters, eines bewährten Zimmermanns.

Keine Klause indessen hält ewig stand; doch als sich die Fälle häuften, in denen die Dämme und Wehre unter dem Andrang der Wasser brachen, jagte die gnädige Herrschaft den glücklosen Klausenmeister davon und berief einen neuen.

Nennen wir ihn auf gut Glück den Klausensepp. Ein bärtiges Mannsbild mit starken Armen, mit breiter, dunkel behaarter Brust, mit Händen wie Bärenpratzen. Er hat sich darauf verstanden, hölzerne Klausen zu bauen, wie andere Leute aufs Biertrinken und aufs Tanzen.

»Wär doch gelacht, wenn wir keine Klause zustande brächten, die jeglichem Wasser standhält!«

Der Klausensepp ließ sich Zeit. Voller Bedacht nahm er jeden Winkel des Aupagrundes in Augenschein, jede Biegung des Wasserlaufs, jede Engstelle, jedes Gefälle und jede Felsenwand. Schließlich befand er:

»Dies ist der Platz für die neue Klause. Hier werden wir sie errichten – dann mag sich der Rübenzagel die Zähne dran ausbeißen!«

Der Klausensepp selbst schlug die Pflöcke ein, wo die eichenen Pfähle ins Erdreich zu treiben waren; der Klausensepp selbst überwachte die Auswahl der Stämme und deren Zuschnitt; er selbst legte letzte Hand an den Damm, an das Wehr, an die Schleuse.

»Hol mich der Teufel!«, verschwor er sich. »Wenn sie dem Rübenzagel nicht standhält, die neue Klause, dann soll's auch um mich geschehn sein, mit Haut und Haar!«

Das war nun ein starkes, ein stolzes Wort. Zwei Jahre gingen darüber ins Land. Zwei Jahre, in denen das Flüsschen zu mehreren Malen anschwoll und wieder abschwoll – zwei Jahre, in deren Verlauf die Klause den Wassern der Aupa standhielt: frühjahrs zur Zeit der Schneeschmelze, sommers zur Zeit der Gewitterregen und herbstens, wenn sich die Schleusen des Himmels auftaten, dass es tage- und wochenlang nur so herunterprasselte auf die bucklige Welt.

»Lass prasseln!« Der Klausensepp war sich der Klause sicher. »Lass runterprasseln, so viel es mag, das soll uns nicht Bange machen!«

Mitten im Sommer des dritten Jahres brach eine plötzliche Kälte über das Land herein. Eine Woche lang fiel im Gebirge Schnee, als ob Watte vom Himmel herniederflockte, in dichtem Fall, ohne Unterlass. Dann begann es zu regnen. Und fauchend, von Böhmen her, kam ein warmer Wind auf – ein Wind, der heißer aus einem Backofen nicht hätte kommen können!

Der Regen, der viele Schnee, jäh dahinschmelzend unter dem heißen Ansturm des Windes. Seit Menschengedenken nicht war die Aupa so ungestüm von den Höhen zu Tal geschossen wie damals, in jenem Sommer. Brausend, gischtend und tosend, mit Urgewalt.

Und die Klause im Aupagrund? Ob sie auch diesmal standhalten würde? Nicht nur dem Andrang der Wasser allein, auch dem Bauholz, dem Aufstau der Scheiter, der Grubenhölzer.

»Auf, auf – und legt Hand an!« Der Klausensepp rannte

mit seinen Leuten durch Sturm und Regen hinauf zum Staudamm. »Jetzt zeigt, was ihr könnt! Wir müssen die Klause halten!«

Sie versuchten der Aupa mit Sandsäcken beizukommen, mit Balken, mit Bohlen, mit Strauchwerk – vergebens! Zu stark war der Wasserschwall, allzu gewaltig drängten die Fluten, die Hölzer gegen den Damm, das Wehr.

Die Holzknechte suchten das Weite. Einzig der Klausensepp blieb auf dem Posten. Mit blanker Brust, die Arme weit ausgebreitet, hat er sich gegen den Damm gestemmt – wohl wissend, dass er die Klause nicht retten, die Flut nicht aufhalten konnte.

Die Wasser der Aupa brachen sich Bahn, sie stürzten in mächtigem Schwall zu Tal, gischtend und tosend, strudelnd und schäumend, hinaus ins Freie, hinab nach Böhmen, der Elbe zu, inbegriffen die Scheiter, die Balken, die Bohlen, die Baumstämme. Gnadenlos rissen sie alles mit sich hinweg, was sie nur erfassen konnten, den Klausenmeister nicht ausgenommen.

Wie immer sein wirklicher Name gelautet habe: Gott sei ihm gnädig, dem Klausensepp aus Tirol. Kein Mensch hat ihn jemals wieder gesehen, nicht tot, nicht lebendig, auch der Herr Simon Hüttel nicht. Doch kam mit der Zeit ein Gemurmel unter den Leuten auf, als habe der Herr des Gebirges selber den Klausensepp damals mit sich genommen, hinab in die Bergestiefe, auf dass er ihm drunten, im Reich der edlen Gesteine und Erze, der unterirdischen Seen und Wasserläufe, als Klausenmeister auf ewige Zeiten zu Diensten sei.

Beschwörung um Mitternacht

Der Geist des Riesengebirges als Hüter verborgener Schätze, als Beherrscher von Wind und Wetter, als Machthaber über das Reich der Naturgewalten – um nichts kleiner, um nichts geringer tritt er uns auch in anderen frühen Geschichten entgegen: groß und geheimnisvoll, mächtig und abweisend wie das Gebirge selbst. Kaspar Schwenckfeldt, Doktor der Medizin zu Hirschberg in Schlesien und Verfasser gelehrter Schriften, erwähnt ihn in solcher Eigenschaft ganz ausdrücklich in der anno 1607 erschienenen Abhandlung »Hirschbergischen Warmen Bades Beschreibung«, womit das spätere Bad Warmbrunn gemeint ist, auf den heutigen Landkarten unter dem polnischen Namen Cieplice Śląskie Zdrój verzeichnet. Die uns mitgeteilte Begebenheit, von Schwenckfeldt mit wenigen Zeilen abgetan, mag sich wie folgt ereignet haben …

In der Hüttenschenke von Schreiberhau tauchten eines Abends im späten Sommer drei fremde Männer auf. Der Hüttenwirt, ein gewisser Hentschke – die Leute nannten ihn Henkelpaul, das mochte auch etwas mit seinen Ohren zu tun haben –, hielt sie für abgedankte Soldaten. Es schien ihm, als hätten sie einen weiten Weg hinter sich gebracht, jedenfalls machten sie einen weidlich heruntergekommenen Eindruck auf ihn. Einer von ihnen, der Anführer offenbar, trug eine Rabenfeder am Hut, einer war kahl wie ein Haubenstock, Stirn und Wangen des dritten waren mit Pockennarben bedeckt. Sie begehrten von Henkelpaul Nachtlager und ein Abendbrot. Gegen gutes Geld, versteht sich.

Dem Hüttenwirt waren die späten Gäste nicht übermäßig geheuer. Er hieß sie im Voraus bezahlen, er trug ihnen ein paar Scheiben Presswurst auf, Zwiebeln und grobes Schwarzbrot. Auch war er darauf bedacht, den Fremden die Kehle nicht trocken werden zu lassen. »Gut Bier will getrunken sein«, meinte er grinsend. »Wenn's dünne ist, desto mehr!«

»Dann müssten wir aber viel davon wegsaufen«, knurrte der Kerl mit den Pockennarben, die andern brachen in lautes Gelächter aus.

Was denn die Herren Gäste hierher geführt habe, ausgerechnet nach Schreiberhau? Henkelpaul gab sich den Anschein, als fragte er's bloß so nebenbei.

»Nu – was wohl?« Der Anführer deutete mit dem Daumen über die Schulter, in Richtung der Berge. »Wirst dir's schon denken können.«

Der Hüttenwirt kratzte sich hinterm Ohr. War das Gebirge nicht derzeit in aller Munde als Lagerstätte von kostbaren Erzen und edlem Gestein? Immer wieder kam mancherlei Volks herbei, in der Hoffnung auf reiche Ausbeute in der Wildnis, auf Glück und Wohlstand von leichter Hand.

»Und – seid ihr fündig geworden?« In Henkelpauls Frage schwang kaum verhohlene Neugier mit. »Glaubt ihr im Ernst an Rübezahls Schätze? Ich selber hab das Gebirge von einem Ende zum andern durchstreift, drei Jahre lang, Tag für Tag. Und nichts ist dabei herausgekommen! Kein Flimmerchen Goldes, kein Silberkörnlein, kein noch so winziger, noch so geringer Edelstein.«

»Kommt drauf an, wie man's macht!«, entgegnete ihm der Anführer. »Und jetzt scher dich an deinen Schanktisch! Was wir dahier zu bereden haben, geht dich nichts an.«

Henkelpaul zog den Kopf ein, Henkelpaul sagte geflissentlich: »Ja doch, ja doch, ich bin ja schon weg!«, und trollte sich hinter den Tresen.

Die Fremden steckten die Köpfe zusammen, doch Henkelpaul hatte gute Ohren. Mochten sie noch so flüstern und wispern, die drei Kumpane, mochten sie noch so nuscheln und tuscheln – dem Hüttenwirt mit den großen Ohren entging keine Silbe davon.

Er sah, wie der Anführer ein mit krausen Schriftzügen, Kreisen und Kritzeleien bedecktes Papier aus dem Ärmel hervorzog. »Morgen ist Vollmond, da steigen wir aufs Gebirge, den Rübezahl zu beschwören – kraft dieser Formeln und Zauberzeichen.«

»Und übermorgen«, verschwor sich der Kerl mit den Pockennarben, »übermorgen sind wir gemachte Leute und werden im Reichtum schwimmen wie Karpfen im Teich!«

Mehr über ihre Pläne ließen sie nicht verlauten, von jetzt an sprachen sie nur noch dem Bier zu, Henkelpaul musste fleißig nachschenken.

Anderntags um die Vesperzeit brachen die Gäste auf, den kürzesten Weg ins Gebirge nehmend, jeder mit einem Wanderstecken, jeder mit einem leeren Getreidesack auf der Schulter: Der mit der Rabenfeder stiefelte vorneweg, ihm folgte der Kahlkopf, dem Kahlkopf der Pockennarbige.

Nun war Henkelpaul nicht gerade von gestern. Wer wollte ihn daran hindern, den Fremden zu folgen? Nicht nur aus Neugier. Auch in der Hoffnung, es möchte vielleicht von Rübezahls Reichtum ein bissel was für ihn abfallen …

Ein leerer Habersack lag in Griffweite. Der Hüttenwirt band sich ihn um die Hüften, heimlich schlich er den Fremden nach, auf gebührenden Abstand bedacht. So gelangten sie kurz vor Einbruch der Dunkelheit auf den Koppenplan. Dort entfachten die drei ein Feuer und lagerten sich auf ihre Mäntel.

Henkelpaul duckte sich abseits in eine Mulde. Viel lieber hätte er bei den Fremden am Feuer gelegen – nicht nur der Wärme wegen. Es war immerhin keine geringe Sache, den Rübezahl zu beschwören.

Endlich schob sich der Vollmond über den Rand des Himmels, er tauchte die Berge in kaltes Licht. Henkelpaul spürte, wie es ihn fröstelte, durch und durch. Was hätte er drum gegeben, daheim in der Schenke zu hocken – besser noch: auf dem Strohsack zu liegen, fest in die warme Bettdecke eingewickelt, die Schlafmütze über den Ohren!

Bei Anbruch der Mitternachtsstunde erhoben die Fremden sich von den Mänteln. Im Schein des Feuers zogen sie einen Zauberkreis und versahen ihn mit den geheimen magischen Zeichen und Buchstaben. Hierauf begannen sie mit der Beschwörung des riesengebirgischen Herrn und Gebieters. Henkelpaul hörte sie unverständliche Wörter murmeln; er sah sie die Arme erheben und wieder senken, sich in den Hüften wiegen und sich nach allen Seiten verneigen. Dies alles wirkte auf ihn höchst befremdlich und rätselhaft.

Dann plötzlich, ganz unvermittelt – dem Hüttenwirt war es, als ob er die Fremden eben noch habe »Rübezahl, Rübezahl!« rufen hören – ein jäher Windstoß! Der Himmel bedeckt sich mit Wolken, der Vollmond verfinstert sich. Und als habe es jemand mit einem einzigen Stoß seines mächtigen Atems ausgepustet, erlischt das Feuer. Dann Stille, quälende Stille und Finsternis – einen Herzschlag lang.

Henkelpaul kriegt es nun endgültig mit der Angst, Henkelpaul wirft sich aufs Angesicht, Henkelpaul zieht sich den Habersack übern Kopf. Und schon bricht es mit aller Gewalt über sie herein. Über den Koppenplan, über Henkelpaul, über die fremden Männer.

Wie das Jüngste Gericht bricht es über sie herein. Blitze zucken hernieder, Wolkenbrüche prasseln herab, Donnergrollen erfüllt die Lüfte, als feuerten tausend Geschütze übers Gebirge herüber – und tausend hinüber. Im Türkenkrieg kann es nicht ärger gewesen sein.

Die Paternoster: In dieser Schreckensnacht sind sie dem Hüttenwirt von den Lippen gegangen wie sonst die Flüche! Henkelpaul hat gebebt und gebibbert, Henkelpaul hat sich mit zitternder Hand bekreuzigt, bekreuzigt, bekreuzigt, er hat um sein Leben gebangt.

Gegen Morgen verebbte der Donner allmählich wieder, doch setzte nun grimmiger Frost ein. Schnee fiel vom Himmel, bald waren die Berge eingeschneit wie im tiefsten Winter. Und Nebel kam auf – so dicht, dass Henkelpaul kaum noch die Hand vor den Augen sah.

Unter Mühen gelang es ihm, sich ins Tal zu schleppen, in seine Schenke. Und die drei Fremden, die er für abgedankte Soldaten gehalten hatte? Der mit der Rabenfeder am Hut, der Pockennarbige und der Kahlkopf? Nach jener Wetternacht sind sie weder in Schreiberhau jemals wieder gesichtet worden noch sonst wo.

Kegelbrüder im Nebel

Ebenso zweifelhaft und umstritten wie die Bedeutung des Namens Rübezahl ist die Bezeichnung für das Gebirge selbst. Auf dem Umweg über ein altertümliches, heute vergessenes Wort erklärt sich der Name des Riesengebirges vermutlich aus dessen Reichtum an Quellen und Wasserläufen. Da und dort wird auch eine Verbindung mit jenen »Riesen« vermutet, wie man die grob zusammengezimmerten hölzernen Rinnen nannte, in denen das im Gebirge geschlagene Holz zu Tal geschwemmt wurde. Ganz gewiss hat der Name nichts mit Riesen im Sinne der Märchen und Sagen zu tun, wenngleich dies als Deutung nahe liegt. Johann Michael Moscherosch, gebürtig vom Oberrhein, der sich als Poet den wohlklingenden Namen Philander von Sittewald zugelegt hatte, vermutet bereits 1641 diesen Zusammenhang, wie sich aus nachfolgender Geschichte ersehen lässt.

In Schlesien, so Moscherosch, habe ein waghalsiger Bursche von Rübezahl erzählen hören und sei auf das Riesengebirge gestiegen, um Näheres über den Berggeist in Erfahrung zu bringen. Der Name des Burschen ist nicht bekannt, ebenso wenig sein Beruf. Mag sein, dass es sich um einen Wandergesellen gehandelt habe, mag sein um einen fahrenden Studenten. Ich für mein Teil ziehe den Studiosus vor: ein schlankes, pfiffiges Bürschchen im schwarzen Gewand der Scholaren, mit leerem Beutel und hungrigem Magen.

Der Waghals hatte von Rübezahls Schätzen erzählen hören, er hatte sich seins gedacht dabei. Auf gut Glück war er losgewandert, am frühen Morgen mag es gewesen sein. Um die Mittagszeit kam er zu einer Bergwiese unweit der Schneekoppe. Ein verhangener Tag, ein Tag mit verschleiertem Himmel, mit fahler Sonne, über den Bergen lagerte grauer Dunst.

Sich vorerst im Schutz der Bäume haltend, spähte der Studiosus ins Freie hinaus. Wo steckte er nun, der berühmte, der ach so berüchtigte Rübezahl?

Plötzlich, der Waghals hatte es kaum gedacht – ein Poltern und Grollen, ein dumpfes Gerumpel. War unbemerkt ein Gewitter heraufgezogen? Dichter wabern die Nebel, der Himmel verfinstert sich.

Dem Studenten wurde es zweierlei, er duckte sich, ängstlich schlug er den Mantel über den Kopf. Und wie er sich endlich ein Herz fasst und wieder aufblickt – was sieht er da?

Auf der Wiese draußen, in allem Dunst, vergnügen sich etliche Riesen beim Kegelspiel. Ja wahrhaftig, das müssen Riesen sein, obgleich er bloß schattenhafte Gestalten erkennt – und sie kegeln! Ihr Lachen dröhnt wie Posaunenschall, ihre Rede gleicht Sturmgebraus. Und die Kegelkugeln, sie poltern über den Rasen, als rumpelten Mühlsteine drüberhin!

Großmächtige Kegelbrüder, großmächtige Kegel. Die Kegel sind mannshoch, womöglich höher. Und werden sie von der Kugel getroffen, dann klingt es so, als ertönten Glocken von schwerem Erz. Solche Kugeln sind das gewesen. Und solche Kegel!

Zwei Riesen, drei Riesen – oder war es bloß einer? Bei näherem Hinsehn schien es dem Studiosus, als änderte sich die Anzahl der Spieler von einem Augenblick auf den andern, in unablässiger Folge. Glichen sie nicht Gestalten aus Rauch – bald miteinander verschmelzend, bald voneinander sich wieder scheidend wie Wolkengebilde im Wind?

Gebannt verfolgte der Bursche den unaufhörlichen Wechsel der schattenhaften Gebilde. Gewaltige Kegelkugeln rumpelten über den Rasen, Posaunen erschollen, erzene Glocken dröhnten ihm um die Ohren.

Dann plötzlich: ein wildes Gelächter. »Ist's denn zu glauben? Zeig dich, du Naseweis – raus da, aus deinem Versteck! Aber hurtig, sonst tu ich dich abschieben bis nach Schmiedeberg!«

Noch zögert der Herr Student, aus der Deckung des Waldes hinauszutreten, da kommt sie schon auf ihn zugerollt, die großmächtige Kegelkugel. Gerade noch findet er Zeit sich hinter den nächsten Baumstamm zu retten – und rumsdich!, schon kracht es, schon stiebt die Rinde, schon prasselt ein wahres Hagelwetter von Tannenzapfen auf ihn hernieder!

Der Riese – in diesem Augenblick ist es nur einer, der einzige, der es sein kann: der riesengebirgische Riese lacht schallend; der Riese, so weit im Nebel erkennbar, hält sich die Seiten.

»Nu – möcht ich dich bald erwischt haben, Naseweis? Möcht ich dich bald vom Gebirge gekegelt haben? Nimm

mir's nicht übel, Studentla. Ich hab dich nicht wollen umbringen, nein, gewiss nicht!«

Der Schattenriese deutete auf die Tannenzapfen, ringsum verstreut. »Klaub dir ein paar davon in die Manteltasche, als Lohn für den ausgestandenen Schrecken!«

Noch zitternd, noch bebend vor Angst – wer hätte da nicht gebebt, nicht gezittert? – gehorchte der Studiosus dem Herrn der Berge, er las eine Hand voll der Zapfen auf. Dann, nach flüchtigem Dank an den Schattenhaften, suchte er wehenden Mantels das Weite.

Die Zapfen waren ihm lästig, er warf sie weg. Nichts wie ins Tal jetzt! Und nichts wie Schutz gesucht unter dem nächsten, dem noch so bescheidenen Dach eines Bauernhauses!

Aufs nächste Bauernhaus traf er am Ortsrand von Schmiedeberg, dort begehrte er Nachtlager auf dem Heuboden. Als er die hölzerne Leiter hinaufstieg, geschah es ihm, dass sich ein Zipfel des schwarzen Mantels in einer Sprosse verfing.

Er löste den Zipfel – und merkte erst jetzt, dass einer der Tannenzapfen sich drin verhakt hatte. Und der Zapfen, einer von jenen, wie sie auf ihn heruntergeprasselt waren: er hatte sich mittlerweile zu Gold verwandelt, zu purem Dukatengold!

Damit endet das Abenteuer, das Herr Philander von Sittewald alias Moscherosch uns berichtet hat. Den Reim darauf mag sich jedermann selbst machen.

Magister Johannes Praetorius

Dass er in ganz Deutschland bekannt geworden ist, verdankt der Herr und Gebieter des Riesengebirges hauptsächlich einem gewissen Hans Schultze aus Zethlingen in der Altmark, der sich später Johannes Praetorius nannte, als Magister in Leipzig sesshaft geworden ist und um 1665 ein Buch mit dem lateinischen Titel »Daemonologia Rubinzalii Silesii« veröffentlicht hat – eine Sammlung kurioser Historien, auf die sich die meisten späteren Rübezahlgeschichten zurückführen lassen, auch die von Musäus, auch die von mir. Praetorius war ein eifriger Sammler von Hexen-, Zauber- und Spukgeschichten. Schlesische Kaufleute, die zur Leipziger Messe gekommen waren, mögen ihm Wunderdinge von jenem »Gespenste« erzählt haben, das in der Wildnis des Riesengebirges sein Unwesen trieb, bald in Gestalt eines schwarzen Mönches, bald eines Kohlenbrenners, bald als struppiges Ungetüm. Dass der Magister erwog, die Geschichten an ein geneigtes Publikum weiterzugeben, lag auf der Hand.

Es war eine stürmische Herbstnacht. Durch die Gassen von Leipzig fegte der Wind, er pfiff um die Ecken, er rüttelte an den Fenstern, er klapperte mit den Dachziegeln. Praetorius hockte beim Schein einer trübselig funzelnden Lampe am Schreibtisch, über ein voll geschriebenes Blatt gebeugt. Nur schade, dass die Berichte der schlesischen Kaufleute über den Berggeist nicht ausreichten, um ein hinlänglich dickes Buch damit anzufüllen. Durfte der Herr Magister weitere Stücke einfach hinzuerfinden – aus Lust und Laune, wie sie ihm in die Feder kamen? Was wohl Rübezahl dazu sagen würde?

Auch heute wieder hatte Praetorius eine Geschichte vom Herrn des Riesengebirges niedergeschrieben, gut zu den überlieferten Stücken passend, jedoch von ihm selbst erfunden.

Er legte die Feder weg und griff nach dem Rotweinbecher – da plötzlich: ein Windstoß, das Fenster flog auf, der Sturm erfasste das Blatt auf dem Schreibtisch.

Praetorius wollte aufspringen, griff danach, wollte es festhalten – doch was war das? Er fühlte sich jählings von der Gewalt des Sturmes gepackt und davongerissen. Er sträubte sich, rief um Hilfe, schrie Zeter und Mordio. Alles umsonst!

Schon wehte der Sturm den Magister ins Freie, schon trug er ihn brausend von hinnen, über die Dächer und Türme der Stadt hinweg, über Wald und Wiese und Feld, über Moor und Heideland. Praetorius wähnte sein letztes Stündlein gekommen, ihm schwanden vor Angst die Sinne.

Als er dann wieder zu sich kam – wo fand er sich wieder? War es der Saal eines Schlosses, wohin der Sturm ihn entführt hatte? War es ein Felsengewölbe, die Thronhalle eines unterirdischen Königs?

Der Raum war von goldenem Glanz durchflutet. Nur so viel vermochte Praetorius gegen das Licht zu erkennen, dass an der Stirnseite des Gewölbes eine Gestalt thronte, mächtig und breitspurig, Haupt und Schultern von rötlichem Schimmer gesäumt.

»Du wolltest mein Urteil hören, Magister Johannes – du weißt, wer ich bin?«

Eine gewaltige Stimme erfüllte den Raum, hallend wie das Geläut einer schweren Glocke. Praetorius brachte kein Wort hervor, er nickte nur mit dem Kopf.

»Nu, dann hat es ja seine Ordnung mit dir und mir. Mich freut's, dass du meine Geschichten aufschreibst – und dass du sie unters Volk bringst.«

»Auch – die von mir erfundenen?« Praetorius stellte die Frage zaghaft, mit leiser Stimme.

»Tu dir da keinen Zwang an, Magister!«, schallte es ihm entgegen. »Ich selber bin es, der sie dir eingibt: ich und kein anderer.«

Von Natur ziemlich ängstlich, wollte Praetorius lieber auf Nummer Sicher gehen. Der Mächtige schien seine Zweifel erraten zu haben, er ließ sich vernehmen: »Falls du ein Zeichen von mir erwartest, sollst du es haben. Jetzt aber scher dich heim!«

Ein Wink mit der Rechten, gebieterisch, endgültig. Abermals fühlte Praetorius sich vom Sturm gepackt und davongetragen, zurück über Heide und Moor, über Felder und Wiesen und Wald, auf die Türme und Dächer von Leipzig zu – und abermals schwanden ihm bei der sausenden Fahrt die Sinne.

In seiner Studierstube fand er sich wieder, beim Schein der Lampe am Schreibtisch sitzend, die Hand nach dem Becher mit Rotwein ausgestreckt.

Das Fenster schlug zu, dass die Scheiben klirrten. Vor ihm lag das Blatt mit der vorläufig letzten Geschichte vom Herrn des Riesengebirges, die ihm der jähe Windstoß hatte entreißen wollen … Hatte ein Traum den Magister genarrt, eine Täuschung der Sinne? Hatte dies alles der reichlich genossene Rotwein ihm vorgegaukelt?

Zwei Tage danach stand ein Fremder vor seiner Haustür. Man nenne ihn den Liebethaler Boten; sein Beruf sei es, Mahnschreiben, Wechsel und Rechnungen zwischen Breslau, Hirschberg und Leipzig hin und her zu befördern. Ob er die Ehre habe, dem Herrn Magister Johannes Praetorius gegenüberzustehen? Dann sei er gehalten, ihm dies hier zu überbringen …

Der Bote händigte dem erstaunten Magister ein längliches Päckchen aus, eingeschlagen in grobes schlesisches Bauernleinen; das habe ihm unlängst ein vornehmer Herr übergeben, dem er in einer stürmischen Nacht begegnet sei, unweit der Tore von Hirschberg: In Leipzig möge er's dem Magister Praetorius zustellen, der dann schon wissen werde, welche Bewandtnis es damit habe …

Praetorius knickerte nicht mit dem Botenlohn. Er eilte hinauf ins Studierzimmer, an den Schreibtisch. Das Päckchen enthielt zwei Dutzend Gänsefedern, fest und geschmeidig im Kiel, von der besten Sorte.

Sorgfältig schnitt der Magister die erste der Federn zu, tunkte sie zuversichtlich ins Tintenfass und begann zu schreiben – zu schreiben, wie es ihm in den Sinn kam und aus der Feder floss.

Geschichten vom Herrn des Riesengebirges flossen ihm aus der Feder: einerlei ob sie ihm überliefert waren, ob frei erfunden – sie alle stimmten, sie alle entsprachen der Wahrheit. Wo nicht, dort versagte die Feder den Dienst, sie verhakte sich auf dem Papier und begann zu klecksen.

Woher ich dies alles weiß? – Mein Leipziger Herr Kollege, der Weiland Magister Johannes Praetorius selber, hat es mir anvertraut.

Kürzlich ist er mir höchstpersönlich im Traum erschienen: im schwarzen Habit des gelehrten Mannes, mit streng gefältelter weißer Halskrause, die Nase vom Schnupfen gerötet, sofern man an einen Schnupfen glauben mag.

Kavaliere unter sich

Während des Dreißigjährigen Krieges wurden auch die Länder Böhmen und Schlesien häufig von fremden Kriegsvölkern heimgesucht. Manch ein Bauerndorf haben die Herren Soldaten leer gefressen, manch eine Stadt geplündert, Kirchen und Klöster wurden in Brand gesteckt. Rübezahl hätte nicht Rübezahl sein dürfen, ohne den Bürgern und Bauersleuten auf beiden Seiten des Riesengebirges auf seine Weise zu helfen. War da nicht kürzlich erst eine Rotte pandurischer Reiter in einem Abgrund zerschellt? Hatte sich nicht vergangenen Winter ein ganzes kursächsisches Fußregiment im Schneegestöber zerstreut? Dass Kanonen im Sumpf versanken, dass Beutewagen plötzlich verschwanden, als habe der Sturm sie davongeweht: Wer anders als Rübezahl hätte dies alles bewirken können? Auch ein schwedischer Offizier hat mit ihm Bekanntschaft gemacht.

Baron Sparre, Rittmeister bei der königlich-schwedischen Reiterei, pflegte sich gern auf anderer Leute Kosten lustig zu machen. Damals, es muss im vorletzten oder letzten Kriegsjahr gewesen sein, lag das Hauptquartier seines Regimentes zu Hirschberg in Schlesien. Von dort aus sandte ihn der Obrist eines goldenen Herbsttags nach Böhmen, mit wichtigen Briefschaften für den schwedischen Kommandanten des Städtchens Arnau. Bis dorthin benötigte der Baron einen guten Tagesritt. Und nachdem er dem Kommandanten die Briefschaften übergeben hatte, bezog er in einem der schönen Laubenhäuser am Arnauer Marktplatz sein Nachtquartier.

Am anderen Morgen entschloss er sich angesichts des ruhigen Herbstwetters dazu, nicht über den Sattel von Neuwelt nach Hirschberg zurückzukehren, sondern er wählte den sehr viel kürzeren Weg übers Riesengebirge. Es fand sich ein Arnauer Leinewebergesell, der nach einigem Feilschen dazu bereit war, ihm gegen den Lohn von drei Groschen den Pfad zu weisen.

Gegen Mittag war das Gebirge erstiegen, die Grenze zwischen den Ländern Böhmen und Schlesien war erreicht. Von hier aus ließ sich der Weg nach Hirschberg nicht mehr verfehlen.

Der Baron war der deutschen Sprache nicht unkundig; einer plötzlichen Laune folgend, fragte er den Gesellen: »Sag mir die Wahrheit und sag sie mir ohne Umschweif – glaubst du im Ernst, dass es diesen Rubenzahl wirklich gibt?«

»Daran glaube ich, Euer Hochwohlgeboren.«

»Dann glaubst du auch, dass er kein Unrecht duldet in seinem Reich?«

Und nachdem der Geselle versichert hatte, auch daran glaube er, rief der Baron, seinem Ross die Sporen setzend: »Nun wohl, so mag Rubenzahl dafür sorgen, dass dir dein Lohn werde, denn von mir kriegst du keinen Pfifferling!«

Hohn lachend sprengte Sparre davon, nicht achtend

der Flüche, nicht der Verwünschungen, die der Gesell ihm nachrief. Ein trefflicher Spaß war ihm da gelungen, in Hirschberg gedachte er sich im Kreise der Kameraden damit zu brüsten!

Nach einer Weile bemerkte er einen fremden Reiter, der ihm entgegenkam. Der Herr war nach neuester Mode gekleidet: damastener Waffenrock, Federhut, spitzenbesetzter Kragen, seidene Schärpe mit goldener Spange – offensichtlich ein Kavalier. Wer mochte das sein, wie kam er in diese Wildnis?

Sobald sie auf gleicher Höhe waren, parierten die Herren die Pferde, sie schwenkten zum Gruß die Hüte. Wie geboten, stellte sich Herr von Sparre dem Fremden vor, nicht ohne sein Regiment zu erwähnen und dessen Standort.

»Überaus angenehm!« Der Unbekannte dankte mit leichter Verbeugung. Was ihn beträfe, so nenne man ihn den Herrn von Riesenburg. »Es ist Mittagszeit. Darf ich den Herrn zu einem bescheidenen Imbiss einladen?«

Herr von Riesenburg führte den Herrn von Sparre ins nahe Knieholz – dort tat sich vor ihnen ein freier Platz auf, mit Gras bestanden, von Krüppelkiefern gesäumt. Leicht und warm strich der böhmische Wind drüberhin, nach Quendel duftend, nach Salbei und spätem Thymian.

Der Riesenburger schwang sich vom Pferd, auf dem Rasen breitete er den Mantel aus. Den Satteltaschen entnahm er geräucherten Speck, ein gebratenes Hähnchen, gesülztes Schweinefleisch, mehrere Scheiben polnischer Wurst, zwei Gläser nicht zu vergessen, zwei viel versprechende Flaschen. »Weiß oder rot, Herr Bruder?«

Die Herren sprachen dem Imbiss zu, mit Rotwein spülten

sie reichlich nach. Nicht ohne Trinksprüche, nicht ohne artige Reden zu wechseln.

Ob denn der Herr von Riesenburg … Weiß der Kuckuck, weshalb der Baron seinem Gastgeber diese Frage stellte! Ob er denn etwa auch an den Berggeist glaube, den Rubenzahl?

»Ihr etwa nicht, Herr Bruder?«

»Vergesst nicht: Ich bin Protestant. Wie könnte ich, mit Verlaub gesagt, an dergleichen heidnischen Unsinn glauben! – Soll ich Euch was erzählen?«

Man war unter seinesgleichen, man war unter Kavalieren. Lachend erzählte Sparre dem Herrn von Riesenburg, wie er den Arnauer Leinewebergesellen um den vereinbarten Lohn geprellt hatte. »Findet Ihr das nicht lustig? Man sollte nicht meinen, wie dumm das gemeine Volk ist!«

Es war, als hätte der Herr von Riesenburg dem Baron nicht recht zugehört. »Herr Bruder sind, wie ich sehe, aufs Allerkostbarste ausgestattet«, sagte er unvermittelt. »Allein des Herrn Bruders Waffenrock und der Federhut sind von trefflichster Art und Fertigung … Jedenfalls würde ich meine Gewandung jederzeit gegen die Seine tauschen, Herr Rittmeister.«

»Das kann Euer Ernst nicht sein, der Herr Bruder belieben zu scherzen!«

»Sehe ich etwa aus wie ein Scherzbold? Hütet Euch, meinen Zorn zu erregen, Baron! Ich habe Euch angeboten die Kleider zu tauschen – und nunmehr, zum Donnerwetter, sagt Ja oder Nein dazu!«

Wann immer er nochmals auf diesen Handel zu sprechen kam, beteuerte Sparre, es sei ihm in jenem Augenblick keine andere Wahl geblieben. Der Riesenburger habe ihn unter finster gerunzelten Brauen angestarrt, als wollte er ihn verschlingen, falls er nicht zustimmte, und so habe er denn auf das Angebot eingehen müssen.

Außerdem sei es ja, dies nebenbei, ein überaus günstiger Tausch gewesen, nach Augenschein und Ermessen jedenfalls.

Die Herren wurden sich einig, die Herren tauschten die Kleider: Waffenrock und Federhut, Spitzenkragen und Schärpe. Noch einmal erhoben sie, nunmehr schon umgewandet, die Gläser. »Zum Wohl, Herr Bruder!« – »Zum Wohlsein, Baron!«

Sie hatten einander kaum zugetrunken, als sich ein jäher Windstoß erhob, ebenso plötzlich wie ungestüm über den Kamm des Gebirges hinwegfegend. Der Baron zog erschrocken den Hut in die Stirn, die Augen zu schützen.

Als er hernach wieder aufblickte, fand er sich mutterseelenallein auf der Wiese im Knieholz wieder. Sein Pferd zwar, es stand noch da, mit geblähten Nüstern, die Mähne gesträubt; der von Riesenburg aber, sein Ross und sein Mantel, der Rotwein, die Gläser, die kalte Küche: Sie waren weg – wie vom Wind davongeweht.

Der Rittmeister zwickte sich in die Nase. Dies alles konnte er nicht geträumt haben, trug er doch die Gewandung des Herrn von Riesenburg!

Der Rotwein, so schien es, war ihm zu Kopf gestiegen. »Höchste Zeit, dass ich ins Quartier komme! Nichts wie nach Hirschberg hinunter!«

Nach Hirschberg wollte man den Baron nicht einlassen. Gesindel und Strolche hätten hier nichts verloren, bedeutete ihn der Posten am Stadttor. Dem Rittmeister schwoll die Zornesader.

»Sieht Er nicht, wer ich bin, Kerl? Lass Er mich einpassieren – oder ich dresch Ihm die Knochen im Leib entzwei!«

Der Posten schlug Lärm, die Wache trat ins Gewehr, der Wachkommandant zog den Säbel; und wie es der Zufall wollte: auch der Obrist kam herbeigeeilt.

»Ihr, Herr von Sparre – in diesem Aufzug?«, schnob er den Rittmeister an. »Was zum Henker bedeutet die Maskerade? Ich schätze es ganz und gar nicht, wenn sich ein königlich-schwedischer Offizier vor den Leuten zum Affen macht!«

Er wandte sich an den Wachkommandanten. »Man befördere den Herrn Rittmeister umgehend ins Quartier! Dort möge sich der Herr Rittmeister seiner Haderlumpen entledigen, um sich alsbald in ordnungsgemäßer Montierung bei mir zu melden!«

Im Quartier besah der Baron sich im Spiegel. Potz Kartätschen und Höllenfeuer! – wie sah er bloß aus? Auf dem Kopf trug er statt des Federhuts ein Gebilde, das einem etwas zu groß geratenen Rabennest ähnlich sah. Und der Waffenrock? Ein Kartoffelsack wäre, verglichen damit, höchst vornehm und elegant gewesen. Der Spitzenkragen – ein Spinngewebe. Die Schärpe – ein Kälberstrick!

»Himmelherrgott, wie bin ich blöde gewesen, dass ich ihm auf den Leim gegangen bin, diesem Rubenzahl!«

Baron Sparre, Rittmeister bei der königlich-schwedischen Reiterei, fing an zu begreifen: Dies war der Lohn dafür, dass er den Leinewebergesellen um seine drei Groschen geprellt hatte!

Nur ein Glück, dass ihm wenigstens Ross und Sattel geblieben waren, die Hosen, die Stiefel – und hoffentlich auch die Geldbörse, die er am Gürtel trug.

Auch die Geldbörse war noch da! Als der Baron sie öffnete, fand sich ein Zettel darin, beschrieben mit ein paar Worten von fremder Hand:

»Entnommen: 1 Reichstaler. Auszubezahlen an einen gewissen Leinewebergesellen zu Arnau in Böhmen als angemessener Lohn für die Wegweisung aufs Gebirge samt aller damit verbunden gewesenen Mühen und Ärgernisse.«

Unterzeichnet war die Notiz mit einem schwungvollen großen R, das mit allerlei majestätischen Schnörkeln versehen war. So blieb dem Baron nicht der leiseste Zweifel daran, wessen Name und Rang sich in diesem Buchstaben ausdrückte.

Die Harrantin

Der Dreißigjährige Krieg war zu Ende, die deutschen Lande lagen darnieder, verheert und ausgeblutet. Das galt auch für Böhmen, das galt auch für Schlesien. Auch dort versuchten die adeligen Grundherren ihre heruntergekommenen Ländereien so rasch wie möglich wieder auf einen grünen Zweig zu bringen – nur leider ging das auf Kosten der kleinen Leute, der Bauern und Taglöhner. Sie alle gehörten damals mit Haut und Haar dem Besitzer der jeweiligen Herrschaft. Die ihnen kostenlos abverlangten Dienste auf den herrschaftlichen Feldern, den Meierhöfen, den Baustellen wurden in Böhmen »Robot« genannt. Die Robot beanspruchte so viel Zeit und Kraft, dass die meisten Bauern kaum noch wussten, wann sie ihr eigenes Stücklein Feld bestellen, wovon sie die Ihren ernähren und kleiden sollten.

Damals regierte auf der böhmischen Herrschaft Starkenbach im Vorland des Riesengebirges die Harrantin, sie regierte mit harter Hand. Ihr Mann, der Freiherr von Harrant, war als kaiserlicher Offizier vor Straßburg gefallen. Und wie es nicht selten vorkommt, wo eine Frau allein ihren Mann zu stehen hat, kam es auch hier. Niemand sollte der

Harrantin nachsagen dürfen, sie sei eben doch bloß ein schwaches Weib, weichen Gemütes und allzu nachgiebig.

Doch da bestand bei der Harrantin keine Gefahr! Sie hatte sich vorgenommen die Herrschaft Starkenbach ihren beiden unmündigen Kindern in gutem Zustand zu übergeben: um diesen Zieles willen nahm sie alle Verwünschungen, alle Flüche der Bauern und Häuselleute in Kauf.

Natürlich schimpften und fluchten die Harran'schen Untertanen bloß insgeheim, hinter vorgehaltener Hand: wenn sie unter sich waren, in der Schenke, am Feldrain, draußen im Wald, wo kein Fremder sie hören konnte – keiner, der es der Harrantin hinterbracht hätte. Dennoch, so scheint es, sind ihre Klagen einem gewissen Jemand zu Ohren gekommen, von dessen Gegenwart sie nichts ahnen konnten. Auf solche Weise muss der gewisse Jemand erfahren haben, welch schändliches Regiment sie auf ihrer Herrschaft führte, die Harrantin.

Sie war hartherzig, sie war raffgierig, sie war beispiellos geizig – übrigens auch zu sich selber. Nur eine winzige weibliche Schwäche wurde ihr nachgesagt: ab und zu vergeude sie ein paar Kreuzer an Rüschen und Spitzen, an Salben und Schminke, an Puder und duftende Wässerchen. Dies sei aber auch das einzig Menschliche, das sich an ihr bemerken ließe …

Eines Tages im späten Frühjahr machte ein Tandlkramer der Harrantin auf dem Schlösschen zu Starkenbach seine Aufwartung, milde umwölkt von den Wohlgerüchen der großen Welt, das pechschwarze Haar wie mit Schuhwichse glatt gebürstet.

»Zeig Er Uns, was er meint, dass es Unsrer Beachtung wert sein könnte! Es darf aber nicht zu teuer sein.«

»Zu gütig, zu gütig!« Der Tandlkramer verneigte sich tief und ehrerbietig. »Wenn gefällig, so werde ich Dero Gnaden das Feinste vom Feinen bieten – und überaus preiswert dazu!«

Er öffnete seinen Korb, er begann der Harrantin seine Ware vorzulegen: Spitzentüchlein, bestickte Borten und Glitzerknöpfe, Fingerringe und Halsketten, Fläschchen und Tiegel, allerlei Tuben und Schächtelchen voll erlesener Spezereien.

Die Harrantin, um die vierzig damals, bei aller zur Schau getragenen Härte noch eine schöne Frau, konnte nicht widerstehen. Von einem Augenblick auf den andern war sie wie ausgewechselt: nichts mehr von Strenge in ihrem Gesicht, nichts mehr von Herrschsucht und Härte, der leiseste Anflug nicht.

Sie schnupperte an den Fläschchen, sie rieb sich den Handrücken mit ein wenig Schminke ein, sie erprobte die Feinheit des Puders zwischen den Fingerspitzen. Schließlich wählte sie einen Tiegel mit Wangenrot aus, ein Brüsseler Spitzentuch, eine Dose mit Schönheitspflästerchen, wie sie damals in Mode waren, ein Fläschchen voll kölnischen Wassers und eine Puderquaste. Der Tandlkramer machte ihr einen guten Preis, den sie ihm ausbezahlte, ohne erst lange herumzufeilschen, wie es sonst ihre Art war.

Ob Dero Gnaden nicht überdies einen Spiegel brauchten? Er hätte da einen besonders hübschen und klaren Handspiegel, silbern umrahmt, mit zierlichem Griff …

Der Tandler wartete ihre Antwort nicht ab, schon zog er besagten Spiegel hervor und hielt ihn der Harrantin vors Gesicht.

Die Harrantin warf einen Blick hinein, die Harrantin griff

sich ans Herz. Was ihr aus jenem mit Silber umrandeten Spiegel entgegenstarrte, es war ihr gewohntes Spiegelbild nicht – nicht das Bild einer immer noch schönen Frau um die vierzig.

Im Spiegel erblickte sie das Gesicht einer hässlichen alten Weibsperson: hager, mit scharfer Nase, die Wangen von tiefen Falten gekerbt, um die Mundwinkel einen giftigen Zug, die Augen unter den schütteren Brauen tückisch verkniffen! Und dennoch: die hässliche Alte trug das Gewand der Harrantin, um den dürren Hals trug sie ihren Schmuck!

Die Harrantin wollte aufbrausen. Was nahm der Kramer sich da heraus, sie mit diesem Anblick zu schrecken? Sie kam nicht dazu.

Jener gewisse Jemand, den sie für einen Tandlkramer gehalten hatte, fiel ihr zornig ins Wort, ziemlich ungehobelt und grob, von nun an ohne den leisesten Anflug von Höflichkeit.

»Schweig jetzt und tu mir gefälligst zuhören!«, schnob er sie an. »Zwölf Jahre noch, Harrantin, fünfzehn vielleicht – und du gleichst jenem Bilde, das dir der Spiegel zeigt: alt und zum Fürchten hässlich!«

Die Harrantin rang nach Fassung, sie wollte zu einer Entgegnung ansetzen.

»Tu mir, zum Donnerwetter, jetzt nicht dazwischenreden!«

Der Blick des gewissen Jemands duldete keine Widerrede. Der Harrantin wurde es heiß und kalt, als sie merkte wie sich das Haar ihres Gegenübers zu röten begann, wie es sich in Sekundenschnelle zu einer gewaltigen Mähne auswuchs, wie ihm zudem noch ein struppiger Bart spross, dass es zum Fürchten war.

»Sag mir jetzt nicht, dass du ohnehin Falten bekommen wirst mit den Jahren, dass sich dagegen nichts machen lasse, jedenfalls nicht sehr viel … Es gibt aber solche Falten und solche, Harrantin!« Noch einmal hielt er der strengen Wittib den Spiegel vor. »Dies da sind böse Falten, verstehst du: Falten, die hässlich machen – so hässlich und abstoßend wie dein künftiges Spiegelbild sie dir zeigt!«

Die Harrantin brach in Tränen aus. Wenn dies ihre Zukunft sei, wollte sie lieber nicht weiterleben …

»Papperlapapp!«, widersprach ihr der Bärtige. »Weiterleben solltest du schon – bloß anders, als du bisher gelebt und geherrscht hast!« Von jetzt an sprach er zu ihr wie ein guter Freund. »Weißt du nicht, dass es auch andere Falten, Falten der Milde, Falten der Güte gibt? Runzeln und Falten bleiben nicht aus, das stimmt schon. Doch es gibt Falten und Runzeln, die das Gesicht einer Frau noch im hohen Alter freundlich erscheinen lassen und schön. Dies bewege in deinem Herzen, Harrantin – und bewege es wohl!«

Die Stimme des Rotbarts war immer leiser geworden, je länger er sprach, immer dringlicher. Nicht länger vermochte sie seinen Blick zu ertragen, die Harrantin. Sie senkte die Augen, sie schloss die Lider.

Als sie nach einiger Zeit wieder aufschaute, war sie allein im Empfangszimmer ihres Schlösschens zu Starkenbach. Jener Bärtige mit der roten Mähne, dem unergründlichen Blick unter struppigen Brauen hervor war verschwunden. Gleichsam als habe die Harrantin bloß von ihm geträumt.

Doch nein! Auf dem kunstvoll geschwungenen Tischchen beim Fenster lag die bezahlte Ware – dort lag auch der Handspiegel, silbern umrahmt, mit zierlichem Griff.

Wie es weitergegangen ist mit der Harrantin? Sie wird

sich schon haben denken können, wer jener Tandlkramer gewesen ist, der ihr den Handspiegel hinterlassen hat. Und es will scheinen, als habe sie seine Worte beherzigt.

Nicht etwa, dass sie die Art des Regierens von heute auf morgen geändert hätte, das durfte niemand von ihr erwarten, selbst jener Rotbart nicht. Doch mag sie von Zeit zu Zeit in den Spiegel geblickt haben, sich zu prüfen.

So kam es, dass mit den Jahren die Harran'schen Bauern und Häuselleute immer seltener Grund dazu hatten, die strenge Wittib auf Starkenbach zu verfluchen, ihr Gottes Strafgericht an den Hals zu wünschen. So unbegreiflich es ihnen erscheinen mochte: Die Harrantin war mit der Zeit immer milder geworden, nachsichtig, voller Güte, nur dort noch gestrenge, wo die Gerechtigkeit es ihr abverlangte.

Gestorben ist sie als hochbetagte verhutzelte Frau, das Gesicht voller Runzeln und Falten. Aber, so wird berichtet, es seien Falten der Güte gewesen, Runzeln der Milde, der Fürsorge auch für das niedere, das gemeine Volk.

Den silberumrandeten Spiegel hat man der Harrantin, ihrem Wunsch entsprechend, aufs Herz gelegt, ehe der Sarg über ihr geschlossen wurde. Unter den Trauergästen sei auch ein Unbekannter gewesen, mit roter Mähne und struppigem roten Bart.

Kratzerts Pilzgericht

Als herzlose Leuteschinder taten sich in den Zeiten der Leibeigenschaft besonders die herrschaftlichen Beamten hervor, die Hauptleute, Vögte und Büttel. Selber in aller Regel von niederer Herkunft, kannten sie mit den kleinen Leuten kein Mitleid und kein Erbarmen. Ein Ausbund an Niedertracht war der Hauptmann Kratzert auf der nordböhmischen Herrschaft Nawarow zu Füßen des Riesengebirges. Nicht zu Unrecht wurde er von den Untertanen gefürchtet wie der Leibhaftige in Person. Die gräfliche Herrschaft gewährte ihm freie Hand; niemand war seiner schnöden Willkür gewachsen, ausgenommen – nun wer wohl?

Der Hauptmann Kratzert auf Nawarow, dürr wie ein Zaunpfahl, schmalen Gesichts, mit dem Blick einer Natter: er drangsalierte die Bauern und Häuselleute mit immer neuen Steuern und Vorschriften, immer neuen und härteren, manchmal auch schmählichen Auflagen. So hatte er neuerdings auf den Dörfern austrommeln lassen, dass niemand sich unterstehen sollte, einen einzigen jener Waldpilze, die man als Stein- oder Herrenpilze bezeichnete, in die eigene Suppe zu schnipseln, auch in kein anderes Pilzgericht, einerlei ob gedünstet, gesotten oder geschmort.

»Herrenpilze gebühren der allergnädigsten Herrschaft allein!«, ließ er austrommeln. »Wer sich an ihnen vergreift, anstatt sie der gräflichen Herrschaft abzuliefern, den wird man mit Ruten streichen, bis dass ihm der Appetit auf Herrenpilze vergeht!«

Leere Drohungen gab es bei Kratzert nicht. Er wies seine Büttel an auf den Dörfern herumzuschnüffeln. Und wehe, wenn ihnen der Duft eines Pilzgerichts in die Nase stieg! Dann hatten sie nachzuforschen, die allenfalls Schuldigen zu ermitteln und ihrer Bestrafung zuzuführen.

Ob das gemeine Volk sich in jedem Fall an die neue Vorschrift gehalten hat, lässt sich nicht sagen. Doch ausgetrommelt war ausgetrommelt und damit basta! Bloß hatte etwa die Trommel zu laut gerasselt, hatte der Ausrufer Kratzerts Erlass mit allzu kräftiger Stimme hinausposaunt? Jedenfalls hat es den Anschein, als hätten nicht nur die gräflichen Untertanen die neue Vorschrift vernommen, sondern auch jener großmächtige Herr und Gebieter, der sich um alles von Menschen Ausgetrommelte einen Dreck schert – erst recht, wenn's von einem Schurken wie Kratzert kam, das sollte sich bald erweisen.

Die alte Bienert'sche war eines späten Sommertags draußen im Wald gewesen, zum Klaubholzsammeln, begleitet von zweien ihrer acht Enkelkinder, dem Hansl und dem Mariechen. Während sie dürre Äste klaubte und bündelte, um sie hernach ins Tal zu buckeln, durchstreiften die Kinder das nahe Unterholz.

Und was fanden sie dort, zwischen Moos und Farn? Steinpilze fanden sie, Steinpilze über Steinpilze, einer so kerngesund wie der andere, einen ganzen Korb voll! Die Freude war groß, die Enttäuschung auch.

»Es sind Herrenpilze«, sagte die alte Bienert'sche. »Herrenpilze gehören der gnädigen Herrschaft, wir müssen sie auf dem Meierhof abliefern.«

»Aber warum denn?«, fragte der Hansl. »Wir haben sie doch gefunden!«

»Das schon, das schon ...« Während die Alte noch überlegte, was sie den Kindern sagen sollte, kam Kratzert dahergeritten, von einem Fußknecht gefolgt. »Prächtig, prächtig!« Der Hauptmann deutete mit der Reitpeitsche auf den Pilzkorb. »Ich hoffe doch, dass ihr wisst, was damit zu geschehen hat ...«

»Freilich«, gab Bienerts Mariechen arglos zur Antwort. »Die Mutter wird uns davon eine feine Suppe kochen.«

»Das könnte euch wohl so passen!«, erboste sich Kratzert. »Wisst ihr nicht, was man austrommeln lassen hat?«

Die Alte stellte sich vor die Kinder, sie wollte um Gnade flehen – da trat aus dem Dickicht ein fremder Mann hervor, den sie dennoch von ferne zu kennen meinte, mag sein aus der eigenen Kinderzeit.

»No, was hat's?« Der Fremde, auf seltsame Weise der Alten nicht unbekannt, strich sich den Bart, der von ein paar rötlichen Strähnen durchzogen war. »Wollt Ihr's den Kindern verübeln, Herr Hauptmann, dass sie vom Ausgetrommelten nichts verstehen? Die Herrenpilze im Pilzkorb der beiden, die Alte wird es bezeugen, sind ebenso für die allergnädigste Herrschaft bestimmt wie die meinen auch.«

Damit setzte er seinen Buckelkorb ab, einen ganzen Buckelkorb voller Steinpilze – wie aus Marzipan alle: sauber geputzt, mit kernigen Stielen und glänzenden Kappen. »Wenn's dem Herrn Hauptmann recht ist, dann kann der

Herr Hauptmann unsere Pilze gleich mitnehmen, das erspart uns den Weg zum Meierhof.«

»Immer her damit!« Ein Wink mit dem Peitschenknauf, und die Kinder mussten den Inhalt ihres Körbchens in den Buckelkorb ausleeren, den der Knecht sich auflud. Dann zog Kratzert mit ihm und der Beute ab.

Der Hansl und das Mariechen waren dem Heulen nahe, der Fremde konnte sie gut verstehen, nur allzu gut. Er tat einen Griff in die linke Jackentasche und meinte: »Was ist schon ein Korb voller Pilze? Da habt ihr zum Trost drei Heller.«

»Drei Heller?« Die Bienert'sche wehrte erschrocken ab. »Drei Heller – das ist zu viel!«

»Dann bekommen sie viere. Teilt sie euch redlich, Kinder, die sind für euch!« Der Bärtige nickte dem Hansl und dem Mariechen zu. »Lasst euch die Herrenpilze nicht leid sein. In Zukunft wird niemand mehr welche abliefern müssen – mein Wort drauf!«

Bei näherem Hinsehn erwiesen sich die vier Heller als blanke Silbertaler. Kaum hatte die alte Bienert'sche es bemerkt, da schlug sie die Hände über dem Kopf zusammen und wollte den Fremden zurückrufen, aber der war schon verschwunden, als ob der Wald ihn verschluckt hätte.

Wie die Geschichte weitergegangen ist? Ich bin nicht dabei gewesen, die alte Bienert'sche und die Kinder auch nicht. Doch hat es sich bald danach auf den Dörfern herumgesprochen: Unlängst habe der Hauptmann Kratzert der allergnädigsten Herrschaft auf Nawarow einen ganzen Buckelkorb voller Herrenpilze verehrt – allesamt schnittfest und frisch, wie aus Marzipan; er selbst habe in der gräflichen Kuchl über die Zubereitung der Pilze gewacht; und er selbst habe voller Stolz das Pilzgericht bei der Tafel angekündigt: »Mit Dero höchst untertänigstem Diener Verehrung und wohlbekömmlichen Wünschen, gräfliche Gnaden!«

Der Graf sei von Kratzerts Worten aufs Angenehmste berührt gewesen, die Gräfin desgleichen, nicht minder die zufällig an der Tafel befindlichen Gäste, ein Freiherr aus Sachsen, zwei ältere Damen von Adel und ein auf der Durchreise begriffener Obristleutnant vom teuffenbachischen Regiment.

Ihnen allen habe das ihnen von Kratzert kredenzte Pilzgericht über die Maßen gemundet – bis es verzehrt war. Dann aber hätten sich, bei der gräflichen Herrschaft sowohl als auch bei Dero Gästen, entsetzliche Leibschmerzen eingestellt, verbunden mit qualvollen Krämpfen des Magens und grässlichen Blähungen in den Eingeweiden.

Das war nun ein Pilzgericht! Eine schier endlose halbe Stunde lang wanden sich der Herr Graf, die Frau Gräfin und die gesamte Tischgesellschaft in Todesangst, kalten Schweiß auf der Stirne, glühende Kohlen im Bauch.

»Dass den Hauptmann und seine verdammten Pilze der Henker hole!« Mühsam genug entrang sich der Fluch den Lippen des Obristleutnants, und alle Übrigen hätten aus vollem Herzen ihm beigepflichtet, sofern sie vor Angst und Pein dazu in der Lage gewesen wären.

Das schon befürchtete schlimme Ende ist ihnen glücklicherweise erspart geblieben, allmählich linderte sich ihr Zustand wieder. Den Hauptmann Kratzert hingegen ereilte nach diesem Pilzgericht das verdiente Strafgericht.

Als alte Leute noch haben die Enkelkinder der alten Bienert'schen sich daran erinnert, wie man es habe kurz danach

auf den Dörfern austrommeln lassen: Der ehemalige Hauptmann Kratzert sei seines Amtes enthoben, ausgepeitscht und für ewige Zeiten der Herrschaft verwiesen worden; desgleichen seien alle von ihm erlassenen Vorschriften hiermit für null und nichtig erklärt, einschließlich jenes unlängst ergangenen Pilz-Edikts.

Alte Leute, so auch der Bienert-Hans und die Blaschke-Großl, wie das Mariechen mittlerweile genannt wurde, haben es mit der Erinnerung manchmal nicht leicht. Dennoch hätten sie jeden Eid darauf schwören können, dass der Austrommler damals, der Kratzerts Bestrafung und Sturz auf den Dörfern habe verkünden müssen, dem Mann mit den rötlichen Strähnen im Bart verdächtig ähnlich gesehen habe, von dem sie als Kinder für einen Korb voller Herrenpilze vier Silbertaler bekommen hätten.

Der Stein mit den sieben Ecken

Auch im Iser- und Riesengebirge lebten sie im Gedächtnis der Sage fort: die Walen oder Venediger, dereinst auf der Suche nach Gold und Edelsteinen die deutschen Mittelgebirge durchstreifend. Da und dort will man wissen, es habe sich um bergverständige Abenteurer aus Italien gehandelt. Wer sie wirklich gewesen sein mögen, bleibt im Dunkel. Doch sollen sie über geheime Zauberkräfte verfügt und schriftliche Aufzeichnungen hinterlassen haben, seltsamerweise in deutscher Sprache. Diese sogenannten Walenbücher, verblüffend genaue Wegbeschreibungen zu den Fundorten verborgener Schätze, haben die Fantasie des einfachen Volkes ungemein erregt und beschäftigt.

Ein gewisser Pfohl, Lohnmüller auf der Wiesenmühle im böhmischen Morchenstern, und dessen Gevatter, der Nase-Schuster, hatten sich in den Besitz eines Walenbuches gebracht. Einige wollten wissen, sie hätten es einem welschen Hausierer beim Kartenspiel abgeschummelt; andere munkelten gar davon, es sei ohne Blutvergießen nicht abgegangen. Pfohl war ein großer stämmiger Mensch, Nase ein schmächtiges Männel mit schiefen Schultern. Im besten Ansehen bei den Nachbarn standen sie beide nicht.

Der Inhalt des dünnen, schon weidlich zerfledderten Walenbüchleins ließ sich nur schwer entziffern, allzu sehr war die altertümlich verschnörkelte Handschrift an vielen Stellen verblasst – insbesondere auch in jenem Teil, der für die beiden Gevattersleute am wichtigsten war, da er vorgab, er weise den Weg zu den Schätzen beim Stein mit den sieben Ecken, der wohl in der nächsten Nähe zu suchen war.

Der Weg war in allen Einzelheiten beschrieben, das ließ sich nachprüfen. Pfohl und Nase brauchten an den im Text bezeichneten Stellen bloß gründlich Nachschau zu halten – und richtig!, schon fanden sich, unter Moos und Flechten verborgen, die in den Stein gehauenen Walenzeichen: da eine Hand mit vier Fingern, dort ein Pfeil, der gen Morgen wies, ein Drudenfuß, eine Mondsichel. Dann aber fehlte das unterste Stück einer Seite, achtlos herausgerissen – und aus war's mit ihrem Müller- und Schusterlatein.

Der Stein mit den sieben Ecken, so viel schien immerhin festzustehen, musste sich an der Hohen Iser befinden, irgendwo zwischen den Felsengruppen des Wüsten Schlosses, der Abendburg und des Weißen Flins – keine sehr große Fläche zwar, jedoch gänzlich von Urwald bedeckt, ein einziges Dickicht, selbst an den Rändern kaum zu durchdringen, geschweige denn gegen die Mitte zu, wo sie den Stein vermuteten.

Pfohl und Nase gaben so leicht nicht auf. Den halben Sommer lang streiften sie durch die Wildnis, mit fester Kleidung versehen, jeder ein Schnappmesser in der Rocktasche, um sich im Notfall wehren zu können. Sie folgten den Bächen aufwärts, die aus den Wäldern kamen; sie stiegen auf hohe Bäume, um Ausschau zu halten; sie krochen auf allen vieren durchs Unterholz – alles umsonst.

Eines Mittags trafen sie bei der Kobelwiese auf einen Holzmacher, der sich gerade abmühte einen Baumstrunk zu roden. Er trug grobes Gewand, sein Bart war ergraut, doch kam hin und wieder ein rötlicher Schimmer durch. Was sie denn hier in der Ödnis verloren hätten, wollte er wissen.

Nu ja, meinte Nase, verloren ja nichts gerade – sie täten bloß etwas suchen, nämlich den Stein mit den sieben Ecken. Ob er von dem etwa schon gehört habe?

Nicht nur das, ließ der Holzmacher sich vernehmen; er kenne sogar den Weg dorthin.

»Was denn!«, rief Nase, als ob er nicht recht gehört hätte. »Sag das noch einmal!«

Er kenne den Weg, wiederholte der Holzmacher. Und er wisse auch, welche Bewandtnis es mit dem Stein und den unermesslichen Reichtümern habe, die dort verborgen lägen; doch wisse er auch, wie gefährlich es sei, sie zu heben: Was hier oben an Schätzen verborgen liege, sei neunmal verpucht und verwunschen, weil es doch alles dem großen Herrn und Gebieter eigne, von dem sie schon wissen dürften, um wen es sich handle.

»Du meinst doch nicht etwa den Rübezahl?«, platzte Pfohl heraus. »Lass dich nicht auslachen! Wenn du den Weg weißt, dann tu ihn uns zeigen. Wir sorgen dann schon dafür, dass der Schatz ans Licht kommt.«

Der Holzmacher musterte Pfohl und Nase mit einem seltsamen Blick, halb prüfend, halb spöttisch. Dann wollte er wissen, was sie ihm denn zu zahlen gedächten, wenn er sie hinführe zu besagtem Stein.

»Du kriegst, was dir zukommt«, beschied ihn der Nase-Schuster und darauf gaben sie sich die Hand.

Die beiden Rodehacken des Holzmachers nahmen sie mit, auch die Schaufel, dann zogen sie miteinander los. Einem Bachgrund folgend, den sie bislang übersehen hatten, gerieten sie immer tiefer ins Dickicht des Urwalds hinein, durch sperriges Unterholz bahnten sie sich den Weg, über Klippen und felsige Brocken hinweg: ein mühsames Unterfangen; je weiter hinauf es ging, desto häufiger mussten sie Rast halten.

Endlich gelangten sie ans ersehnte Ziel, da ging es schon auf den Abend zu. Ganz unverhofft tat sich am Ufer des Wassers ein freier Fleck auf, mitten im dicksten Verhau: eine kleine Wiese, von Brombeerhecken gesäumt – und da lag nun der Stein mit den sieben Ecken wahrhaftig vor ihnen: ein düsteres Felsgebilde, mehr breit als hoch. Die Anzahl der Ecken stimmte, auch ruhte der Fels, wie im Walenbuch ausdrücklich angemerkt, auf drei Stufen aus aufeinander liegenden schweren Granitplatten, zwischen denen an einigen Stellen Heidelbeerkraut hervorspross, an anderen hatten sich Moospolster angesetzt.

Pfohl und Nase hätten am liebsten sofort begonnen das Erdreich zu Füßen der untersten Stufe aufzuwühlen, der Holzmacher aber riet ihnen davon ab. Dergleichen sollte man lieber bei Mondschein tun, das sei eine alte Regel, wie sie bei Vorhaben dieser Art sich schon viele Male bewährt habe …

»Ach was!«, widersprach ihm Nase. »Je früher wir reich werden, desto besser!« Und Pfohl fügte spöttelnd hinzu: Den Ratschlag habe der Holzmacher wohl vom Rübezahl in Person?

Die Gevattersleute begannen draufloszugraben, es war eine einzige Plackerei; so hart war das Erdreich an dieser Stelle, so viele Steine lagen darin, dass die Funken stoben, sobald sie hineinhackten! Der Holzmacher stand daneben und schaute den beiden zu, wie sie schimpfend und fluchend sich abmühten bis zum letzten Tageslicht.

Nun mussten sie mit der Arbeit aussetzen, um den Aufgang des Mondes abzuwarten. Ob denn der gnädige Herr von Holzmacher, fragte Nase zornig, auch weiterhin bloß herumstehn und ihnen zuschaun wolle, ohne den kleinen Finger zu rühren?

»Im Gegenteil!«, sagte jener. »Wenn erst der Mond herauf ist, dann grabe ich ganz alleine weiter.«

Der Mond ließ nicht lang auf sich warten, bald stieg er aus dem Geäst der Wipfel empor, rund und voll, einer großen silbernen Scheibe gleich, deren Strahlen den Stein mit den sieben Ecken in mildes Licht tauchten. »Nu aber rasch!«, drängte Pfohl; und der Schuster setzte hinzu: »Jetzt, Holzmacher, kannst du uns zeigen, ob sich's im Mondschein besser gräbt!«

»Warten wir's ab.«

Der Holzmacher ließ sich nicht dreimal heißen und ging ans Werk. Doch anstatt nun draufloszuhacken, ergriff er die Schaufel – und plötzlich war es, als habe das steinige Erdreich sich unter dem Licht des Mondes in Sand verwandelt: in hellen, lockeren Sand!

»No, hab ich's euch nicht gesagt?«

Der Alte wühlte sich, Schaufel um Schaufel, so rasch und so mühelos in den Boden hinein, dass die Ränder der Grube ihm bald schon bis zu den Hüften reichten. »Und jetzt gebt acht!«

Er stieß mit dem Ende des Schaufelstiels gegen die Felsenstufen: da brach es mit Klirren und Klingen darunter hervor – und gleißend ergoss sich ein Schwall von Edelsteinen und Goldkörnern in die Grube, bis er im funkelnden Reichtum drinstand bis an die Waden.

Pfohl und Nase brachten vor Überraschung kein Wort hervor. Was für ein unermesslicher Schatz, den sie da errungen hatten! »Nu?«, fragte der Holzmacher aus der Grube herauf. »Ich denke, ihr könnt zufrieden sein – und nun heische ich meinen Lohn, lasst uns ehrlich teilen!«

Teilen? Mit einem fremden Menschen, der sie nichts anging? Von jäher Gier übermannt, zogen Pfohl und Nase wie auf Verabredung ihre Messer und ließen die Klingen hervorschnappen. Um sich des lästigen Teilhabers zu entledigen, wollten sie meuchlings einstechen auf den wehrlosen Holzmacher – der aber war so wehrlos nicht:

Ein einziger Blick reichte aus, so grell wie ein Blitzstrahl, dass Nase und Pfohl erstarrten, nicht nur vor Schreck. Wie angewurzelt standen sie da, die Messer erhoben, unfähig sich zu rühren. Der Holzmacher aber nahm die Gestalt eines Riesen an, das dauerte keine zwei Atemzüge.

»Euch werd ich zeigen, was der gerechte Lohn ist!« Zürnend ergriff er die beiden Halunken, Pfohl mit der rechten Hand, mit der linken Nase. Er hob sie empor, dann schlug er sie mit den Köpfen gegeneinander und ließ sie hinabfallen in die Wildnis.

Seither fehlt jegliche Spur von ihnen, nach Morchenstern sind sie nicht zurückgekehrt. Was weiter mit ihnen geschehen sein mag, ob sie den Absturz aus Rübezahls strafender Hand überlebt haben, ob sie im Urwald verschollen sind oder nicht – das weiß Gott allein.

Bärentanz

Franz Anton Reichsgraf von Sporck besaß um das Jahr 1700 weitläufige Ländereien im nördlichen Böhmen, wo er die Freuden des Lebens, der Jagd und der schönen Künste genoss. Die bis dahin unbedeutende Ortschaft Kukus an den Ufern der jungen Elbe ließ er zu einem glanzvollen Kurort ausbauen. Bald erfreute sich »das Kuckucksbad« bei Adel und reicher Bürgerschaft großer Beliebtheit, denn selbstverständlich hielt sich der Reichsgraf zur Unterhaltung der Gäste allerlei Spaßmacher, Komödianten und Musikanten, selbst ein Hofzwerg gehörte zeitweise mit dazu. Dies sollte man in Betracht ziehen, um die nachfolgende Historie recht zu verstehen – oder auch misszuverstehen.

Drei Goralen, Männer aus einem Bergdorf in den Beskiden, die Hanko, Janko und Stanko hießen, zogen seit Wochen mit einem Tanzbären über Land. Da es Sommer war, gingen sie barfuß, bekleidet mit Leinenhosen und Leinenhemden, die bunt bestickt waren. Alle drei waren schnauzbärtig, alle drei trugen hohe Pelzmützen, die sie auch sommers nicht ablegten. Mischa, dem Bären, hatten sie einen Ring durch die Nase gezogen, versehen mit einer Kette. Es war Hanko, der ihn an dieser Kette führte, und zwar mit der rechten Hand; mit der linken schlug er die Schellentrommel, Janko ließ sich beim Tanz auf dem Krummhorn hören, Stanko spielte den Dudelsack.

Mischa wusste, was man von ihm verlangte. Beim ersten Rasseln der Trommel erhob er sich auf die Hinterpranken, beim zweiten begann er zu tanzen. Er wiegte sich zur Musik ein paarmal nach rechts, ein paarmal nach links; dann drehte er sich im Kreise: zwei tapsige Schritte dahin, zwei dorthin. Artig nach allen Seiten grüßend, hob er die Pratzen, zuletzt warf er Kusshände in die Runde. Endlich verstummten die Instrumente wieder. Hanko belohnte Mischa mit einem Stück Brot oder Zucker. Janko und Stanko erheischten mit ihren Pelzmützen beim verehrlichen Publikum angemessene Gaben.

So waren sie durch die Lande gezogen, nach Mähren, nach Schlesien, dann hinüber nach Böhmen, bis weit über Prag hinaus. Und nun, auf dem Rückweg, waren sie an den Fuß des Riesengebirges geraten.

In einem Wald an den Ufern der jungen Elbe hielten sie Rast, da hörten sie aus der Ferne Hundegebell und Hörnerklang, und schon kam es gleich einer roten, blauen und goldenen Wolke dahergestoben und lärmend an ihnen vorbei: eine Jagdgesellschaft von etlichen zwanzig Reitern samt kläffender Meute, allen voran ein prächtig gewandeter Herr mit fliegenden Locken und Federhut, den Hirschfänger an der Seite.

Bevor noch die drei Goralen die Mützen vom Kopf reißen und sich in schuldiger Ehrerbietung verneigen konnten, war die Reiterschar schon davongeprescht. Jesus, Maria und Josef! Sie schlugen das große römische Kreuz und es kamen ihnen höchst wunderliche Gedanken, betreffend einen gewissen riesengebirgischen Herrn und Gebieter, von dem sie zwar bloß den Spottnamen kannten; doch wussten sie immerhin, dass man besagten Namen tunlichst nicht einmal denken, geschweige denn aussprechen durfte.

Dem Reiterschwarm folgte ein kleiner Junge, gleichfalls beritten, vornehm gekleidet auch er. Es sollte sich aber zeigen, dass er ein altes Gesicht hatte, ein Gesicht voller Runzeln und Schrumpeln, namentlich um den Mund und die Augen. Kein rübezahlischer Zwerg hätte lederner aussehen, knarzender sprechen können!

Ob sie nicht Lust hätten, fragte der Zwerg die Goralen, ihm nachzufolgen an einen gewissen, unweit von hier gelegenen Ort? Es werde zu ihrem Schaden bestimmt nicht sein, wenn sie dortselbst den Tanzbären möchten tanzen lassen – zu Lust und Erheiterung jenes Allergnädigsten Herrn, der soeben an ihnen vorbeigaloppiert sei.

Hanko, Janko und Stanko haben sich auf das Angebot eingelassen, aus Neugier teils, teils aus Furcht; und so sind sie mit ihrem Bären dem schrumpligen Reiterchen nachgefolgt an besagten Ort, dessen Namen sie nicht verstanden hatten. Doch habe er etwas mit einem Kuckuck zu tun gehabt, Kuckuckswald oder so ähnlich habe er wohl geheißen.

Dort angelangt, wurden sie in einem der Wirtschaftsgebäude von ein paar Mägden mit Speise und Trank versorgt, beides reichlich.

Bei Einbruch der Dunkelheit stellte der Zwerg sich dann wieder bei ihnen ein und geleitete sie an den Fuß einer doppelten Freitreppe, die, von prächtigen Steinfiguren gesäumt, sanft geschwungen zu einem Schloss emporführte, das noch im Dunkeln lag.

Nicht lange, und vor dem Schloss flammten Fackeln und Windlichter auf, auch ließen Trompeten und Pauken sich hören, schmetternd und dröhnend: die Pauken dumpf, die Trompeten strahlend und hell wie von Engeln geblasen, von Erzengeln.

Dies war das Zeichen für Hanko, Janko und Stanko mit ihrem Bären die Treppe hinaufzusteigen.

An der Balustrade empfing sie der Zwerg mit dem Runzelgesicht, umgeben von zahlreichen schönen Damen und Kavalieren, festlich gewandet alle, in Samt und Seide, mit Perlen und Edelsteinen geschmückt. Und inmitten der glitzernden Schar ganz offenbar jener riesengebirgische Herr, Gebieter und Machthaber, dessen Name verschwiegen sei: sitzend auf goldenem Sessel, mit zierlich gekräuselter weißer Perücke und rotem, goldgerändertem Ordensband.

»Mit Verlaub, Euer Gnaden!« Der Zwerg riss den Hut vom Kopf, er verneigte sich tief und schwungvoll, Trompeten und Pauken verstummten. »Wenn Euer Gnaden geruhen, so nimmt nun der Bärentanz seinen Lauf.«

Kaum hatte der allergnädigste Herr mit der weißen Perücke zu nicken geruht, da begann augenblicklich die Trommel zu rasseln, das Krummhorn fiel ein, auch der Dudelsack ließ sich hören. Und als sei er sich der besonderen Ehre bewusst hier tanzen zu dürfen, vor diesem glorreichen Herrn, dem kaum minder glorreichen Publikum, tanzte der brave Mischa, wie nur ein Tanzbär aus den Beskiden tanzen kann.

Ein paarmal wiegte er sich nach rechts, ein paarmal nach links; zwei tapsige Schritte dahin, zwei dorthin. Artig nach allen Seiten grüßend, hob er die Pratzen, zuletzt warf er

Kusshände in die Runde. Mit einem Stück Zucker belohnte ihn Hanko; Janko und Stanko zogen die Pelzmützen.

»Höchst erheiternd«, befand der Mächtige unter dem Beifall der Zuschauer. »Man honoriere die Leute und fahre fort!«

Ein Wink des Zwerges: Hanko, Janko und Stanko wurden in Dero Gnaden Namen mit je einem Stamperl Schnaps gelabt, nicht zu knapp bemessen. Zudem hielt der Zwerg ihnen einen Taler vor, funkelnd im Fackelschein. »Für euch und den Bären!« Mit diesen Worten ließ er vor aller Augen die blitzende Silbermünze in einen ledernen Beutel gleiten.

Noch elfmal erklangen Trommel, Krummhorn und Dudelsack. Mischa musste noch elfmal tanzen, sich dahin und dorthin wiegen, nach links und nach rechts tappen, Kusshände in die Runde werfen. Noch elfmal Applaus und Schnaps für die Bärenführer, elfmal noch glitt ein Taler in den besagten Beutel.

Und danach? – Ja, was soll ich sagen, beim heiligen Stanislaus? Danach nichts wie Nebel in den goralischen Köpfen: Nebel, so dicht wie Watte. Pauken dazu und Trompeten aus weiter Ferne, Pferdegetrappel, Gelächter, Hundegebell und das Knarren von Wagenrädern. Dann nichts mehr, gar nichts mehr. Es war finster geworden um sie herum, finster und still.

Am nächsten Morgen erwachten sie draußen im Wald, an den Ufern der jungen Elbe. Kühl strich der Wind zu ihnen herüber, kalt senkte der Tau sich auf sie herab ... Keine Spur mehr von jenem Schloss, keine Spur mehr von dessen Besitzer, von seinen Gästen. Als möchten sie alles, was dort geschehen war, bloß im Traum erlebt haben: nicht nur

den Bärentanz, auch den huldvollst ihnen gewährten Lohn, zwölf Reichstaler – und für jeden von ihnen zwölf Schnäpse …

Sie lagen im feuchten Moos, einer mächtigen Fichte zu Füßen, aus deren Geäst der Tau auf sie niedertroff. Und als sie verwundert die Augen hoben, da sahen sie, dass im Geäst der Fichte ein lederner Beutel hing.

Ja wahrhaftig – ein lederner Beutel, ihnen nicht unbekannt! Ganz unschuldig hing er droben, als möchte sich das von selbst verstehen.

Es war Hanko, der ihn erspähte. Janko schüttelte ihn herunter, Stanko schnürte den Beutel auf – und was hat er daraus hervorgeholt? Einen Silbertaler!

Er biss in die Münze, befand sie für echt und legte sie auf die Schellentrommel. Auch Janko versuchte sein Glück, auch Stanko. Nur Mischa scherte sich nicht um den Lederbeutel, nicht um den Inhalt. Leise schnarchend, den Kopf auf die Pratzen gelegt, schlief er friedlich dahin.

Ein vierter Taler, ein fünfter … Bald waren es ihrer elfe, die auf der Trommel lagen, und Hanko sprach aus, was sie alle dachten: »Nun wisst ihr wohl, meine lieben goralischen Brüder, mit wem wir es gestern zu tun hatten …«

»Ja«, musste Janko ihm beipflichten. »Jener Schlossherr – es kann nur einer gewesen sein …«

»Nämlich der Rübezahl!«, platzte Stanko heraus, aller Vorsicht zuwider.

Kein Blitz, auch kein Donnerwetter, kein Wirbelsturm. Nur dass der letzte, der zwölfte Taler, als Stanko ihn aus dem Beutel hervorzog, ein Knopf war: ein schlichter, wertloser Knopf aus Hirschhorn, wie Jäger ihn an den Röcken tragen – das hatten sie nun davon.

Der große Exorzismus

Die nun folgende Geschichte ist historisch verbürgt. Johann Freiherr von Thalenberg, Bischof zu Königgrätz, hat von dieser kuriosen Begebenheit ausführlich berichtet, und zwar mit Schreiben vom 15. Oktober 1684 an den Reichsgrafen Paul von Morzin, Inhaber der Herrschaft Hohenelbe in Böhmen. Dass ein Kamel im Spiel war, darf nicht verwundern. Der Graf hatte das morgenländische Tier, eine Kriegsbeute aus dem Türkenlager vor Wien, dem Bischof von Königgrätz zum Geschenk gemacht, verbunden mit einer frommen Bitte: Ob Dero Liebden nicht gütigst geneigt sein wollten am Ursprung der Elbe ein Pontifikalamt zu zelebrieren, mit nachfolgender Segnung des Elbbrunnens? Ein überaus schöner, ein überaus gottgefälliger Vorschlag, befand der Bischof; und alsbald begab er sich, nur mit kleinem Gefolge, jedoch unter Mitnahme des Kamels, an den Fuß des Riesengebirges.

Rund drei Dutzend Beamte und Untertanen der Herrschaften Hohenelbe, Rochlitz und Starkenbach geleiteten bischöfliche Gnaden zum Ursprung der Elbe hinauf; Graf Morzin hatte leider in letzter Stunde daheim bleiben müssen, ihn plackte das Zipperlein. In der Herde des hohen geistlichen Hirten befanden sich etliche schwarze Schafe in Gestalt verstockter protestantischer Ketzer, die man, nicht ohne leicht durchschaubaren Hintergedanken, von Amts wegen zur Teilnahme an der frommen Wanderung aufs Gebirge befohlen hatte, darunter auch die Glasmacher Paul und Christoph Preißler, entfernte Verwandte von uns.

Das Wetter war miserabel, im Nieselregen brach man am Morgen des 19. Septembris von Rochlitz auf, bischöfliche Gnaden zu Pferde, die andern auf Schusters Rappen. Dem Kamel hatte man aufgebürdet, was zur Feier des Pontifikalamts vonnöten war: den Altartisch, die liturgischen Gerätschaften, die feierlichen Gewänder; hinzu kamen etliche Körbe voll kalter Küche samt etlichen Flaschen Weines, hinzu kam das Zelt des Bischofs mit allem Zubehör.

Drei geistliche Herren, darunter der Pater Caspar Dirig aus der Gesellschaft Jesu, gaben dem Herrn von Thalenberg das Geleit. Einer von ihnen – ich stelle mir vor, dass er feisten Leibes und kurz von Atem war – wurde auf halbem Wege von jähem Schwindel befallen und musste zurückbleiben.

Hierauf verweigerte auch das Kamel, sich quasi an ihm ein Beispiel nehmend, den weiteren Aufstieg; es fiel zu Boden und weder durch Drohungen noch durch Bitten ließ es sich wiederum auf die Beine bringen; da halfen auch keine Flüche weiter, da halfen auch keine Schläge, da half nur eines: das störrische Tier musste seiner Bürde entledigt und diese zur Weiterbeförderung stückweise auf die Schultern der geistlichen Schäflein und schwarzen Schafe verteilt werden.

Was das bischöfliche Zelt betraf, so ließ der Herr Friedrich Heißler, Hauptmann der Herrschaft Starkenbach, vier junge

Fichten umhauen, mit deren Hilfe es mitgeschleppt wurde. Das Kamel hat man offensichtlich zurücklassen müssen. Was weiterhin aus dem morgenländischen Viech geworden ist, liegt im Dunkel: Weder der Bischof noch seine Begleiter haben es jemals wieder erwähnt; mag sein, dass sich ein gewisser riesengebirgischer Herr und Regierer seiner bemächtigt hat.

Gegen ein Uhr nachmittags sind bischöfliche Gnaden bei anhaltendem Regenwetter samt Dero Begleitung am Ursprung der Elbe angelangt: alle vor Kälte schlotternd, bis auf die Haut durchnässt. Der hochwürdigste Hirte gebot den Seinen: »Man fache ein Feuer an! Man errichte das Zelt!«

Bei dem heftigen Wind jedoch, der nun einsetzte, und mit nassem Holz war schlecht Feuermachen. Überdies hatten die schwarzen Schafe vergessen, nebst dem Zelt auch die Zeltstange mit heraufzuschleppen: sei es aus Zufall, sei es in schnöder Absicht, wer kann das wissen.

»Nehmt als Zeltstange einen der umgehauenen Fichtenstämme!«, befahl der Herr Hauptmann Heißler. Wie wohl gesprochen, wie trefflich bedacht! Bloß, man hatte das Zelt kaum errichtet – da hatte der Sturm es schon wieder zu Fall gebracht. Der Fichtenstamm, um es mit Thalenbergs eigenen Worten zu sagen, war »in der Mitten ganz entzwei gebrochen und das Zelt niedergefallen, dass ich schon zu zweifeln angefangen, ob ich die heilige Messe, wie ich mir vorgenommen, alldorten würd celebriren können«.

Er tat, was ein Bischof in solcher Lage zu tun befugt und ermächtigt ist. Herr von Thalenberg schlug über Zelt und Gefolge mit großer Gebärde das heilige Kreuz. Und siehe, beim nächsten Versuch, zu dem man sich eines anderen

Stammes bediente, gelang es, das Zelt nicht nur aufzurichten, sondern es hielt auch stand!

Der Bischof nahm es als gutes Omen. Alsbald gebot er den mitgebrachten Altar zu errichten und ließ sich zur Feier der heiligen Messe ankleiden. Bei geöffnetem Zelt begann er das Pontifikalamt zu singen, wobei ihm die beiden verbliebenen geistlichen Herren mit fester Stimme beistanden. Auch das gemeine Volk tat das Seine hinzu und sang fleißig mit.

In der Predigt versäumte der Bischof es nicht, auf die Gefahren des Irrglaubens hinzuweisen, desgleichen auf aberwitzigen Hokuspokus jeglicher Art, auch im Hinblick auf den berüchtigten Rübezahl, jenes teuflische Hirngespinst, das in so manchen hiesigen Schädeln herumspukte!

Die Leute im Umkreis hörten es wohl, sie dachten sich ihrs dabei: Hoffentlich predigte der Herr Bischof sich nicht um Kopf und Kragen …

Doch im Gegenteil! Bei fortschreitender Predigt begann der Himmel sich mehr und mehr aufzuhellen, und als schließlich der Herr von Thalenberg in vollem Ornat aus dem Schutz des Zeltes hervortrat und sich zum Brunnen der Elbe hinausbegab – siehe, da wurden sie alle, wie sie hier standen, zu Augenzeugen eines Mirakels!

Ganz still war es plötzlich geworden, kein Windhauch rührte sich weit und breit, das leiseste Lüftchen nicht. Und nachdem bischöfliche Gnaden, im Verein mit den beiden geistlichen Herren, das Evangelium von der Taufe Christi im Jordan abgesungen und das heilige Kreuz in den Brunnen der Elbe gepflanzt hatten, brach von einem Augenblick auf den andern die Sonne aus dem Gewölk hervor, das Gebirge verklärend, als stünden sie mitten in einem irdischen Paradeis.

Kein Zweifel: der Bischof hatte obsiegt, die Macht jenes teuflischen Unholds, des Rübezahls, war gebrochen!

Um aber sicherzugehen, tat Herr von Thalenberg noch ein Übriges. Wozu gab es den Großen Exorzismus, jenes feierliche Gebet, das die Macht hatte, jeden Unhold zu bannen? Und also sprach der hochwürdigste Bischof von Königgrätz über den Berggeist den kirchlichen Bannfluch, womit er ihn gleichsam als einen Teufel aus dem Gebirge für ewige Zeiten vertrieb – so vermeinte er jedenfalls.

Dankbar kniete er nieder, schöpfte aus der gebenedeiten Quelle mit beiden Händen das Wasser und trank davon, woraufhin er ausrief: »Und nun, liebe Brüder in Christo, gehet hin und tuet desgleichen!«

Da nun alles aufs Beste vollendet war, stießen die gräflichen Jäger ins Horn. Bischöfliche Gnaden entledigten sich der feierlichen Gewänder und sprachen hernach mit den besseren Herren seiner Begleitung dem Wein und der kalten Küche zu, die ihnen trefflich mundeten.

Satt und zufrieden trat man bei anhaltend schönem Wetter den Rückweg an. Weil aber Weg und Steg sich infolge des Regens als glitschig erwiesen, hielt es der Hauptmann Heißler für angezeigt, dem Herrn Bischof vor Augen zu halten, wie leicht es zu einem Sturz möchte kommen können, falls Dero Gnaden darauf bestünden, den Abstieg im Sattel zurückzulegen. Vielmehr werde man, falls gefällig, für einen Tragstuhl sorgen.

»Für einen Tragstuhl?«, hielt ihm der Pater Dirig entgegen. »Woher wollen der Herr eine Sänfte nehmen, in dieser Wildnis?«

Der Hauptmann wies auf den Tisch, er wies auf die beiden Fichtenstämme. Im Nu war der Tragstuhl fertig, bischöfliche Gnaden nahmen auf der Tischplatte Platz, acht Männer ergriffen die Holme, an jedem der überstehenden Enden zwei – und schon ging es talwärts, gemessenen Schrittes darauf bedacht, nur ja keinen Fehltritt zu tun.

Nach anfänglicher Bängnis fand Herr von Thalenberg immer mehr Gefallen an dieser Art der Beförderung, war es ihm doch so leicht und so wunderlich wohl zumute dabei, als schwebte er gleichsam auf einer Wolke vom Riesengebirge hinab.

Von Zeit zu Zeit wurden die Träger ausgewechselt, wobei auch die schwarzen Schafe mit an die Reihe kamen.

Allmählich begann es zu dunkeln, das vorletzte Wegstück hatte man glimpflich zurückgelegt, bis nach Rochlitz waren es nur noch wenige hundert Schritte. In tiefster Seele fühlte sich Herr von Thalenberg als ein geistlicher Triumphator: hatte er doch dem grässlichen Ausbund der Hölle, dem Rübezahl, glücklich für ewige Zeiten das böse Handwerk gelegt!

Indes auf dem letzten Wegstück begab es sich, dass die Träger des Bischofs strauchelten: unversehens, versteht sich, ganz und gar ohne nachweislich üble Absicht, obzwar, wie man in der Verwandtschaft zu wissen vermeint, unter Mitwirkung zweier Glasmacher vornamens Paul und Christoph – nun ja, nun ja.

Die Träger strauchelten auf dem letzten Wegstück – und Dero Gnaden, der hohe Hirte, erlitten infolge dessen den tiefsten, den schmählichsten Absturz, der einem Triumphator geschehen kann: der Bischof von Königgrätz fiel in den Dreck, um es kurz und bündig zu sagen, und dies der Länge nach.

Hatte der Herr des Riesengebirges den Sturz veranlasst? War es die Rache des Berggeists? Wollte er kund und zu wissen tun, dass er vom Exorzismus sich nicht habe kratzen lassen? Wer kann es wissen, wer wird es bestreiten wollen.

Fest steht nur dies: Das Habit des Herrn Bischofs war nach dem Sturz in solch unbeschreiblicher Weise mit Schmutz besudelt, dass es sich fürderhin nicht mehr verwenden ließ. Jedenfalls sahen sich Dero geistliche Gnaden dazu veranlasst, den Reichsgrafen von Morzin um Erstattung des Schadens zu bitten – und zwar schriftlich, mit Datum vom 15. Oktober des Jahres 1684, unter ausführlicher Darstellung des gesamten, hier wiedergegebenen Hergangs.

Der Koppenwirt

Der höchste Gipfel des Riesengebirges, die Schneekoppe, heißt in frühen Berichten der Riesenberg, später die Riesenkoppe. Kaum ein Waghals, der sich getraut hätte diesen Berg zu besteigen, hieß es doch, dass der Herr des Gebirges dort seinen Wohnsitz habe. Erst im Jahre 1688 ließ Christoph Leopold Graf von Schaffgotsch, Kammerpräsident in Schlesien, auf der Riesenkoppe eine Kapelle errichten; und bereits wenige Jahre danach bietet ein gewisser Siegemund Bretter dem verehrlichen Publikum einfache Kost und Nachtlager auf der Koppe an.

Herr Johann Tobias Volkmar, seines Zeichens Kandidat der Theologie und späterer Pastor in Petersdorf, hatte sich als Präzeptor – heute würde man sagen als Privatlehrer – zweier junger Herren von schlesischem Adel verdingt: einem Junker von Tschirnhaus und dessen Vetter, dem kleinen Strachwitz, beide so etwa vierzehn Jahre alt, brave Burschen, nicht übermäßig gescheit zwar, doch frischen Mutes und voller Tatendrang. Mit ihnen gemeinsam beschloss der Herr Kandidat den Riesenberg zu besteigen: einesteils naturkundlicher Studien wegen, andernteils weil es ihn längst schon nach diesem Abenteuer verlockt hatte.

Die Junkerlein stimmten mit Freuden zu, weil sie es satt waren, stets nur die Köpfe in grundgelehrte Scharteken zu stecken, aus denen ihnen der Staub von Jahrhunderten in die Nasen stieg.

Wohl ausgerüstet mit warmen Decken und Wettermänteln, ließ man sich von einem herrschaftlichen Kutscher nach Krummhübel bringen, woselbst Volkmar, zwecks Hinaufbeförderung des Gepäcks, einen Träger mietete. Es war früh im Sommer, noch prangten die Wiesen und Wälder im frischen Grün. Am ersten Tage stieg man hinauf zur Hampelbaude, auf steilem Fußpfad die würzige Luft genießend. Der Träger erhielt den vereinbarten Lohn und kehrte ins Tal zurück.

Zwei Nächte verbrachten sie in der Baude, tagsüber streiften sie über die Berghänge, Kräuter suchend und Pflanzen bestimmend. Am Abend ließ Hampel sich auf der Zither vernehmen; doch als er beginnen wollte vom Rübezahl zu erzählen, wies Volkmar ihn streng zurecht: »Schweig Er gefälligst von solchem Unsinn! Wir leben in einer Zeit der gelehrten Wissenschaften, die keinen Raum lässt für derlei abergläubischen Firlefanz!«

Am Mittag des dritten Tages trat der Präzeptor mit seinen Schülern den Aufstieg zur Koppe an. Ursprünglich hätte der Hampelwirt sie begleiten sollen, doch fand sich – ganz zufällig, schien es – ein anderer Träger für sie bereit: ein stämmiger Mensch mit rötlich durchsträhntem Haar, der gerade rechtzeitig in der Baude einsprach.

Hampeln kam es nicht ungelegen, dass er daheim bleiben konnte, es zog ihn nicht sonderlich auf die Koppe. Der Stämmige lud sich das Bündel der Wanderer auf: die Wettermäntel, die warmen Decken; die Botanisierbüchse mit den gesammelten Kräutern und Wurzeln ließen sie in der Hampelbaude zurück. »Nu, dann wolln wir mal – los geht's!«

Sie stiegen zur Weißen Wiese empor, sie überquerten den Koppenplan mit den Knieholzwiesen. Dann ging es im Zickzack hinauf zum Gipfel des Riesenberges. Steil war der Anstieg, den kleinen Strachwitz begann es zu schwindeln, sobald er zur Seite hinabblickte in die tiefen Schlünde und Abgründe, die sich da auftaten.

»Immer nach vorn geschaut!«, rief der Träger. »Lasst euch nicht Bange machen, der Weg ist trittfest und sicher.«

Nebel war aufgekommen, emporsteigend aus dem Blaugrund, dem Riesengrund, aus den Sieben Gründen. Beim letzten Tageslicht kamen sie auf der Koppe an. Vor der Tür zur Kapelle legte der Träger das Bündel ab, seinen Lohn begehrend, den der Herr Kandidat ihm auch ausbezahlte, nicht ohne Zugabe eines Trinkgelds.

Man klopfte, man bat um Einlass, die Tür tat sich ihnen auf, der Koppenwirt Siegemund Bretter hieß sie willkommen; dass er ein wenig dem Träger ähnelte, der sie heraufgeführt hatte, mochte der schiere Zufall sein.

»Immer herein, die Herren! Wenig genug ist's, womit ich dienen kann.« Ob man zum Nachtmahl Bier wünsche oder Branntwein? Butter, Käse und Quark seien reichlich vorhanden, auch Milch und Brot … Der Präzeptor entschied sich für Brot und Käse, Butter und Milch.

»Wie belieben!« Bretter trug ihnen auf, was Volkmar bestellt hatte. »Sonst noch was?«

Danke, danke, man ließ sich die Mahlzeit munden, dann trat man noch einmal hinaus an die frische Luft. Der Himmel war hoch und klar, übersät mit Sternen; über den

Tälern lag dichter Nebel, kein Licht drang zu ihnen herauf, kein noch so geringer Laut aus der Welt der Menschen: als ob sie ertaubt wären, der Präzeptor und seine Junkerlein.

Das Nachtlager, zubereitet im Nebenraum der Kapelle, war das bequemste nicht. Sie mussten sich eng aneinander kuscheln; das wärmte zwar auf, zugleich jedoch brachte es mancherlei Ungemach: wenn einer sich umdrehn wollte, so mussten sich alle umdrehn. Auch war es den Knaben ungewohnt, den Präzeptor schnarchen zu hören, als gälte es, alle Wälder des Riesengebirges niederzulegen in einer Nacht.

Der kleine Strachwitz fand lange Zeit keinen Schlaf, er gedachte der Schauermärchen vom Rübezahl, wie die Kinderfrauen sie ihm erzählt hatten, ängstlich warf er sich auf dem Nachtlager hin und her.

»Mag Er nicht endlich zur Ruhe kommen?«, knurrte der Kandidat. »Was hat Er denn, Strachwitz, dass Er sich andauernd hin und her schmeißt?«

Er fürchte sich vor dem Rübezahl ... Der Junge gestand es mit flüsternder Stimme.

»Ach was!«, wies der Kandidat ihn zurecht. »Es gibt keinen solchen – muss man's Ihm hundertmal wiederholen? Befehl Er sich, guter Junker, des lieben Gottes Barmherzigkeit und vergiss Er den alten Popanz, zum Sapperment!«

Ob solcher Lästerrede, zumal auf der Koppe geführt, erschrak auch der junge Tschirnhaus. Musste den Kandidaten nicht unverzüglich, sofern es den Rübezahl dennoch gab, die verwirkte Strafe ereilen? Da aber nichts dergleichen erfolgte, kein Unwetter, weder Blitz noch Donner noch Hagelschlag, schlief mit der Zeit auch der kleine Strachwitz beruhigt ein, und so schliefen sie friedlich durch bis zum nächsten Morgen.

Als Volkmar die Augen aufschlug, dämmerte draußen, er sah es durch einen Spalt in den Fensterläden, der erste Schimmer des Tages herauf. Er weckte die Knaben und hieß sie, sich fest in die Mäntel hüllen; dann traten sie miteinander ins Freie.

Die Welt lag noch immer in tiefer Dunkelheit. Drüben jedoch, am östlichen Himmelsrand, ließ sich ein heller Streifen wahrnehmen, zusehends breiter, höher und immer lichter werdend, von blasser rötlicher Farbe zunächst, dann sich langsam vergoldend, bis endlich die Sonne emporstieg am Firmament: groß und leuchtend, von überaus strahlender Pracht und Herrlichkeit. Sie mussten die Blicke senken vor solchem Glanz; und Volkmar, die Arme ausbreitend, sprach ergriffen von diesem Anblick: »O Herr, unser Vater im Himmel – wie sind deine Werke so groß und so wunderbar!«

Noch war es zu früh am Tage, noch wärmten die Strahlen der Sonne nicht sonderlich. So begann es denn die Betrachter allmählich zu frösteln unter den Mänteln. Umso dankbarer waren sie, dass der Koppenwirt unterdessen den Nebenraum der Kapelle geheizt hatte; auch fanden sie drinnen ein herzhaftes Frühstück vor und je einen irdenen Krug voller Ziegenmilch, heiß und dampfend.

Wohlgesättigt und aufgewärmt, trafen sie hierauf Anstalten für den Abstieg. Wo aber steckte der Koppenwirt? Da er sich weder von Volkmar noch von den Knaben schlesischen Adels herbeirufen ließ, hinterlegte der Herr Präzeptor, ehe sie aufbrachen, auf dem Tisch einen angemessenen Geldbetrag, benebst einem Zettel mit kurzer Erläuterung.

Ein letztes Mal blickten sie in die Runde. Die Luft war so klar heute, dass sich im Schlesischen drunten mit freiem Auge die Türme von Görlitz ausmachen ließen; und hinüber nach Böhmen, da möchte der Blick bis nach Prag gereicht haben, hätten sie nur ein Fernglas zur Hand gehabt.

Sie ließen sich Zeit beim Abstieg, Decke und Mantel musste nun jeder selbst auf dem Rücken tragen, zum Bündel verschnürt: je nun, davon kriegten sie keinen krummen Buckel. Es war ihnen leicht und froh zumute nach allem, was sie seit gestern erlebt und geschaut hatten.

Fast schon am Fuße des Gipfels angelangt, krähte dann plötzlich der kleine Strachwitz: »Schaut nur, dort kommen welche! Die scheinen's ja ganz hübsch eilig zu haben.«

Auf schmalem Pfade kamen zwei Männer durchs Knieholz herbeigehastet, aufgeregt mit den Armen fuchtelnd, einer von ihnen war Hampel. Was denn, um Himmels willen, geschehen sei, fragte Volkmar.

Das müsse wohl eher er, Hampel, den Herrn Präzeptor fragen! Ob sie denn heil und ganz seien, er und die beiden Junker – und wie sie die Nacht auf der Koppe denn wohl verbracht hätten, unter freiem Himmel?

Er wisse nicht, sagte Volkmar, wovon da die Rede sei: ihr Nachtlager hätten sie auf dem Gipfel im Nebenraum der Kapelle gehabt; und es habe der Koppenwirt Siegemund Bretter ihnen zum Allertrefflichsten aufgewartet mit Milch und Brot und dergleichen mehr.

Dies, so Hampels Begleiter, könne doch wohl nicht angehen; nämlich der Koppenwirt, jener soeben mit Namen erwähnte Siegemund Bretter – das sei doch er selbst, der da vor ihnen stehe!

Was war da geschehen? Man hatte den Koppenwirt gestern ins Tal beschieden, aufs gräfliche Forstamt; und wie er am heutigen Morgen dann auf dem Rückweg zur Hampelbaude gekommen war, da sei Hampel aus allen Wolken gefallen vor Schreck, und alsbald hätten die beiden sich aufgemacht, um Nachschau zu halten, wie es dem Herrn Präzeptor und seinen Junkern ergangen sei auf der verwaisten Koppe.

Das war nun, weiß Gott, eine äußerst verzwickte Sache – denn wer, wenn nicht Bretter, hätte sie auf dem Gipfel beherbergen und verköstigen können? Es gebe für dieses Rätsel, so Hampel, bloß eine einzige Lösung; er werde sich aber hüten davon zu reden, wie es denn überhaupt ratsam sei, einen gewissen Namen lieber nicht auszusprechen, besonders hier oben, so nahe der Koppe nicht.

Eine Geschichte mittendrin

Nur wenige hundert Meter noch ...

Zwei Freunde aus Reichenberg wollten mit ein paar anderen jungen Burschen die Ostertage im Riesengebirge verbringen, beim Skilaufen auf den Vorderen Rennerbauden. Die anderen waren schon gestern vorausgefahren, die beiden konnten ihnen erst heute nachfolgen, am Gründonnerstag. Als sie in Hohenelbe den Bus verließen, ging es schon auf den Abend zu. Im Tal gab es keinen Schnee mehr, doch weiter oben, das wussten sie, herrschte tiefer Winter.

Damals gab es im Riesengebirge noch keine Bergbahnen, das Wort »Skilift« war unbekannt. Die Freunde hockten die Rucksäcke auf, sie schulterten Stöcke und Skier und traten den Aufstieg an. Der Weg führte anderthalb Stunden lang steil durch die Wälder hinauf. Sie kannten ihn viel zu gut, als dass sie ihn selbst bei Dunkelheit hätten verfehlen können. Bald wurde es spürbar kälter, bald zeigten sich zwischen den Stämmen zur Rechten, zur Linken die ersten Schneeflecke.

Der Abend war schon hereingebrochen, als sie den Wald verließen. Von hier aus führte der Weg über eine freie verschneite Fläche: nur wenige hundert Meter noch, und sie waren am Ziel. Der Mond stand am Himmel, der erste Frühlingsvollmond. Er nahm sich ein wenig blass aus, umgeben von milchigem Dunst.

Während die Freunde die Skier anschnallten, senkten sich erste Nebelschleier hernieder. Wenn schon! Bald mussten ihnen die Lichter der Rennerbauden entgegenschimmern. Zudem war der Weg mit mannshohen Fichtenstangen markiert; dick mit Raureif verkrustet, steckten sie jeweils im Abstand von zehn, zwölf Metern im Schnee.

Die Freunde waren kaum richtig losgefahren, da hatten die Schleier sich schon zu Schwaden, die Schwaden zu dickem Nebel von fader bläulicher Farbe verdichtet, durchdrungen vom Licht des Mondes, der rund und voll obendrüber schwebte. Zwei, drei Schritte noch und die Fichtenstangen waren verschwunden, versunken in einem Meer von Buttermilch.

Die Freunde versuchten sich an die nächste Markierungsstange heranzutasten. Das glückte einmal, das glückte zweimal, dann tasteten sie ins Leere! Jetzt hieß es aufpassen, dass sie im Nebel beisammenblieben, das war die Hauptsache.

»Schöne Bescherung!«, meinte der eine. »Ob wir sie Rübezahl zu verdanken haben?«

»Leicht möglich. Er hat eben seine Mucken, der alte Heide.«

Seite an Seite glitten sie weiter. Noch waren sie überzeugt davon, dass nichts schief gehen konnte. Nebel hin, Stangen her: Sie kannten die Richtung – und wenn sie nicht davon abwichen, mussten sie über kurz oder lang die Rennerbauden erreichen.

Oder auch nicht, wie sich mit der Zeit herausstellte. Wie lange waren sie eigentlich schon unterwegs? Eine halbe Stunde vielleicht – oder länger? Sie hatten nicht auf die Uhr geschaut.

»Müssten wir nicht längst dort sein«, sagte der eine. »Irgendwas kann da nicht stimmen.«

Der andere zog seine Taschenlampe hervor und knipste sie an. Was half es? Nirgendwo auch nur der Schatten einer Markierungsstange, der Nebel war undurchdringlich geworden. Buttermilch, Buttermilch.

»Und was nun?« Enttäuscht ließ der Bursche die Lampe sinken und wollte sie ausknipsen – da bemerkten sie Spuren im Schnee: zwei Skispuren nebeneinander! »No, wer sagt's denn?« Die Doppelspur musste sie irgendwo hinführen, das war klar.

Der Weg jedoch zog sich weiterhin in die Länge. Die Freunde gerieten ins Schwitzen, obgleich es sie fröstelte. Es entging ihnen nicht, dass das Licht der Lampe schwächer und immer schwächer wurde – und schließlich, nach einigem Flackern, erlosch es ganz.

Nun standen sie da wie zuvor, umgeben von dichtem, buttermilchfarbenem Nebel. Wie kam es, dass die verschneite Fläche kein Ende nahm? Warum hatten sie nicht schon längst einen Waldrand erreicht? Was geschah, wenn sich einer von ihnen den Fuß brach, auch nur den Knöchel verknackste?

Kein Wunder, dass ihnen unwillkürlich die alten Geschichten einfielen. Schauergeschichten von Wandersleuten und Skiläufern, die sich bei Nacht und Nebel im Riesengebirge verirrt hatten und erfroren waren; von anderen, blindlings in einen Abgrund gestürzt, die man, sofern überhaupt, erst nach Tagen gefunden hatte.

Abgründe gab es in dieser Gegend glücklicherweise nicht. Auch dass sie erfrieren würden, stand kaum zu befürchten, wenn sie nur in Bewegung blieben. Das Schlimmste, worauf sie gefasst sein mussten, war eine lange schlaflose Winternacht unter freiem Himmel.

»Ob wir um Hilfe rufen?«

»Dann aber gleich den Rübezahl!«

Sie formten die Hände zum Trichter. »Rübezahl!«, riefen sie. »Rübezaaahl, Rüüü-beee-zaaahl!«

Und jener, der Herr der Berge, der Herr des Nebels? Es scheint, er habe die beiden erhört. Der Nebel hat sich zwar nicht gelichtet, auch fanden sich keine Markierungsstangen. Kaum aber hatten die Freunde dreimal den Berggeist gerufen – da stießen sie unversehens auf eine Wand: nicht aus buttermilchigem Nebel diesmal, sondern aus Holz. Mein Gott! – das war ja ein Haus, eine Baude …

An der Wand sich entlangtastend, kamen sie an ein niedriges Fenster, mit Eisblumen verkrustet, von drinnen erleuchtet; daneben ein zweites – und nebendran eine Tür!

Erleichtert schnallten sie ihre Skier ab. Sie betraten die Rennerbauden mit rot gefrorenen Wangen, Reif in den Brauen. Die Angst war von ihnen abgefallen wie Schnee, der sich von den Zweigen der Fichten löst, wenn der Frühling naht.

»Da seid ihr ja doch noch!«, riefen die andern Burschen. »Wir hatten schon nicht mehr mit euch gerechnet! Kommt rein zu uns, da ist heißer Tee, da sind warme Decken. Der Bus hatte wohl Verspätung? Schön, dass ihr noch gekommen seid!«

Am nächsten Morgen schien draußen die Sonne. Kein Nebel, so weit sie blicken konnten, kein Dunst, nicht die Andeutung eines Dünstchens über der weiten verschneiten Fläche. Markierungsstangen mit Fahnen von Raureif steckten am Wegesrand, alle zehn, zwölf Meter eine.

Ja, und dann fanden wir auch die Doppelspur, die wir im Schnee hinterlassen hatten, mein Freund und ich: sie führte rund um die Rennerbauden herum, in weiten, hübsch langsam enger werdenden Schleifen … Wer mochte es wohl gewesen sein, der uns im Nebel genasführt hatte? Genasführt und dennoch ans Ziel gebracht, wohlbehalten an Leib und Gliedern?

Auf diese Frage gibt es für mich nur die eine Antwort: abermals hatte ich's mit dem Herrn und Gebieter des Riesengebirges zu tun bekommen.

Das zweite Dutzend

Zinslos auf drei Jahre

Der Geist des Riesengebirges ist ein gestrenger Herr. Wer ihn mutwillig bei seinem Spottnamen ruft, der muss sich darauf gefasst machen, dass er von ihm bestraft wird. Wer aber – wie mein Freund und ich es getan hatten – ihn um Beistand und Hilfe bittet, dem nimmt er sogar den verhassten Namen nicht übel. Dafür gibt es manches Beispiel.

Der Niedere Krause-Bauer von Sahlenbach, kurz der Niederkrause genannt, war ein braver und fleißiger Mann. Nicht minder fleißig und brav war auch seine Frau, die Liese. Doch weiß man ja sattsam, dass Glück und Unglück Geschwister sind, und zwar blinde: Das haben auch Niederkrausens erfahren müssen.

In zwei aufeinander folgenden Jahren hatte es ihnen das Korn verhagelt, Rüben und Erdäpfel waren erfroren, die Ziegen sind ihnen eingegangen, dann auch die Hühner, der Gockel zuerst. Selbst die Äpfel und Birnen sind vorzeitig von den Zweigen gefallen. Da hat es nicht lang gedauert, bis sie mit ihren drei Kindern den letzten Heller verzehrt hatten. Schlimm genug, doch das Schlimmste stand ihnen noch bevor!

Ihr Jüngster, der kleine Toni, erkrankte von einem Tag auf den andern so schwer, dass der Doktor ihn fast verloren gab – es sei denn, sie könnten ihm eine bestimmte Arznei besorgen, beim Apotheker in Rochlitz würden sie unter zehn, zwölf Talern kaum wegkommen.

Niederkrause schaut seine Liese an, die Liese den Niederkrause. Woher zehn, zwölf Taler nehmen? Der Sparstrumpf ist leer, der Notgroschen aufgezehrt ... Und der reiche Herr Vetter, drüben im Schlesischen? Der Herr Vetter Ambrosius Kretschmer, Handelsmann in Agnetendorf?

Am nächsten Morgen, vor Tau und Tag noch, bricht Krause auf. In Agnetendorf fleht er den reichen Vetter um Hilfe an, will sagen um zehn, zwölf Taler für die Arznei. Der Herr Vetter Kretschmer indes zeigt sich ungerührt. Auch auf die zweite, auch auf die dritte Bitte geht er nicht ein. »Mein Mitleid hat Er«, sagt er mit schmalen Lippen. »Mein Geld jedoch, Krause, schlag Er sich aus dem Sinn!«

Hängenden Kopfes trat Niederkrause den Rückweg an, übers Gebirge heimzu. Woher nun das Geld für den Apotheker nehmen? Unweit des Hohen Rades hielt er für eine Weile an und verschnaufte. Über die kahlen Grashänge strich der Wind. Der Himmel über den Bergen war klar und blau, die Welt hätte schöner nicht sein können: wäre der kleine Toni nicht krank gewesen und gäbe es Hilfe für ihn. Helfen konnte jetzt nur noch der liebe Gott. Oder Rübezahl?

»Jetzt oder nie!«, dachte Niederkrause, dann rief er mit lauter Stimme zur Koppe hinüber: »Rübezahl! Rübezahl! Wenn du mich hören kannst, hilf uns!«

Alles blieb still in der Runde. Da rief er ein zweites, ein drittes Mal nach dem Herrn der Berge. Vergebliche Mühe! Kein jäher Windstoß, kein Donnerschlag. Nur von ferne der

Schrei eines Raubvogels – und das Krächzen der Bergdohlen in den Lüften. »Nu ja«, dachte Krause traurig. »Es möcht mich ja auch verwundert haben ...«

Schon wollte er weiterwandern, da hörte er Schritte – und wie er sich umwandte, kam da, mit einem Buckelkorb auf dem Rücken, ein alter Mann auf ihn zugestapft, klein und dürr, das Gesicht wie von Baumrinde: einer von jenen Wurzel- und Kräutersuchern, dem Anschein nach, denen man hin und wieder hier oben begegnete.

»Was gibt's da herumzuschreien?« Der Alte schien ungehalten. Sein Blick, unter dichten rötlichen Brauen hervor, ging Niederkrausen durch Mark und Bein. »Hab ich dich was gefragt oder nicht?«

Der Alte kam Krausens Antwort zuvor. »Ich kenn dich, Krause. Ich weiß, dass du zehn, zwölf Taler brauchst. Und ich weiß auch wofür. Lass uns Nägel mit Köppen machen – ich leih dir hundert. Zinslos und auf drei Jahre.«

Niederkrause glaubte nicht recht zu hören, er brachte vor Überraschung kein Wort heraus.

»Stier mich nicht an wie der Ochs, wenn's donnert!« Der Alte setzte den Buckelkorb auf dem nächsten Grashügel ab. »Zähl dir das Geld raus, ich werd mir derweil eine Pfeife stopfen.«

Im Buckelkorb hatte Krause Kräuter und Wurzeln vermutet. Nun zeigte sich's, dass er mit Münzen von Gold und Silber, mit Perlen und Edelsteinen gefüllt war, ein lederner Beutel lag obenauf. Es wäre für Niederkrause ein Leichtes gewesen, einiges von den Schätzen unbemerkt einzusäckeln. Der Alte war vollauf mit seiner Pfeife beschäftigt, es dauerte eine geraume Weile, bis er sich wieder dem Bauern zuwandte und ihn fragte: »Bist du bald fertig?«

Ja, sagte Krause, er habe dem Buckelkorb hundert Taler entnommen, ob sich der Herr von der Richtigkeit überzeugen wolle. »Als ob ich nicht wüsste, was hundert Taler sind!«, schnob ihn der Alte an. »Sonst noch was?«

Doch, meinte Krause. Er bitte um einen Schuldschein, sonst könnt er das viele Geld nicht zur Leihe nehmen.

»No gut.« Der Alte griff in die Luft und fischte daraus ein beschriebenes Blatt Papier hervor, das er Krausen unter die Nase hielt: Ob's so recht sei? – Einhundert Taler zinslos zur Leihe, heute über drei Jahre zurückzuzahlen. Hier oben, unter dem Hohen Rad.

Er zupfte sich eine Schreibfeder aus dem Hut, an der Spitze hing schon ein Tropfen Tinte. Krause schrieb seinen Namen unter den Schuldschein, mit großen deutlichen Buchstaben. Jener schwenkte das Blatt im Wind; als die Unterschrift trocken war, faltete er's zusammen und steckte es in die Rocktasche.

»No, dann tu ich dir also, Krause, viel Glück wünschen. Höchste Zeit, dass du wieder auf einen grünen Zweig kommst mit der Familie. – Ja, und noch eins!« Er kramte in seinen Taschen und zog eine seltsam geformte Wurzel hervor. »Die tust du dem kranken Tonerle unters Kopfpolster schieben, gleich wenn du heimkommst, es wird ihm helfen.«

Niederkrause aus Sahlenbach wollte dem Alten danken. Der aber lud sich den Korb auf den Rücken, winkte ihm zu und ging seines Weges dahin, auf die Koppe zu. Doch anstatt kleiner zu werden, wurde er größer und größer mit jedem Schritt; auch hat er sich im Davonschreiten mehr und mehr aufgelöst, bis er nach einer Weile gänzlich verschwunden war.

Hatte Krause am helllichten Tag geträumt? Er hätte drauf schwören können, wäre der Geldbeutel nicht gewesen – und nicht die Wurzel. Leichtfüßig eilte er heimzu, er achtete nicht der Wurzeln, er achtete weder der Steinbrocken noch der Wasserrinnen, als ob er nicht stolpern, nicht straucheln, nicht stürzen könnte. Seit der Begegnung mit jenem Alten, das spürte er tief im Herzen, hatte das Glück sich ihm wieder zugewandt.

Um es kurz zu machen: Die Wurzel hat ihre Wirkung getan; das Tonerle, gestern Abend noch glühend vor Hitze und sterbenskrank, war am andern Morgen wie ausgewechselt. Kein Fieber mehr, keine glasigen Augen, kein kalter Schweiß auf der Stirn. Das war aber erst der Anfang! Von jetzt an ist's wieder aufwärts gegangen bei Niederkrausens in Sahlenbach, und das kann nicht allein an den hundert Talern gelegen haben, die Krause zur Leihe genommen hatte! Der Glücksstern war über Haus und Hof wieder aufgestiegen; der Segen des Herrn – er hatte sich wieder eingestellt.

Die Wirtschaft blühte, die neuen Ziegen, die neuen Hühner gediehen heran, die Kinder desgleichen. Und Krausens selber, die haben's nicht fehlen lassen an Fleiß und Mühe, an Umsicht und Dankbarkeit. Krause wusste seit jener Begegnung unter dem Hohen Rad, wessen Schuldner sie waren; das wusste auch seine Liese, sie war ja nicht auf den Kopf gefallen.

Drei Jahre sind keine lange Zeit. Rechtzeitig hatten Krauses nicht nur die hundert geliehenen Taler wieder herausgewirtschaftet, sondern um etliches mehr. Am Zahltag stiegen sie, alle fünfe im Sonntagsgewand, zu der Wiese unweit des Hohen Rades hinauf. Niederkrause ging vorneweg, in der Rechten den Geldbeutel mit den hundert Talern. Über die Grashänge strich der Wind, der Himmel war klar und blau, die Welt hätte schöner nicht sein können.

»Herr und Gebieter!«, rief Krause. »Hier bin ich – und hier sind die hundert Taler, die wir dir schulden!«

Alles blieb still in der Runde. Da rief er ein zweites, ein drittes Mal nach dem Herrn der Berge. Vergebliche Mühe! Kein Knirschen im Kies, kein Kräutermann oder sonst wer. Nur von ferne der Schrei eines Raubvogels – und das Krächzen der Bergdohlen in den Lüften.

Noch zweimal rief Niederkrause den Herrn der Berge, beim nächsten Mal fasste er sich ein Herz und rief: »Rübezahl, Rübezahl – nimm dein Geld zurück!«

Wieder nichts, bloß die Gräser rauschten im Wind, und auf einmal, nanu – auf einmal kam etwas Weißes vorbeigesegelt: ein Blatt Papier. Der kleine Toni hielt es für einen großen Schmetterling und lief hinterdrein. Er griff zu – und als er das Blatt dem Vater unter die Nase hielt, da war es der Schuldschein über die hundert Taler, von Krause drei Jahre zuvor unterschrieben! Nur war er jetzt kreuzweise durchgestrichen, und drunter stand die Bemerkung: »Zu Dank bezahlt«, unterfertigt mit einem großen R, das mit allerlei majestätischen Schnörkeln versehen war.

Niederkrause aus Sahlenbach wusste nicht, was er sagen sollte, die Liese schon. »Kommt, Kinder!«, rief sie. »Wir wollen dem Herrn des Gebirges danken für seine Güte!« Dann stimmte sie auf gut Glück das erste und beste Lied an, das ihr gerade einfiel:

»Und in dem Schneegebirge,
Da fließt ein Brünnlein kalt …«

Das alte Lied – sie sang es mit ihrer schönen kräftigen Stimme; eins nach dem andern fielen die Kinder ein, und Niederkrause, so gut er's vermochte, brummte den Bass dazu.

Der Wind aber, nun vom Hohen Rade herabstreichend, trug die Weise hinüber zur Schneekoppe in der blauen Ferne. Dort wird auch wohl jener, dem sie ihn zugedacht hatten, ihren Gesang vernommen und so verstanden haben, wie er gemeint war: als Zeichen der Dankbarkeit.

Dass mich der Bock stoß!

Damals, so hört man sagen, habe der Herr des Riesengebirges nicht nur den Krause-Leuten aus Sahlenbach wieder zu Glück und Wohlstand verholfen, sondern er habe auch jenen geizigen Vetter für dessen Hartherzigkeit bestraft, indem er ihn an den Bettelstab brachte. Dem sei, wie es sei. Tatsächlich pflegte der riesengebirgische Herr mit Halunken jeglicher Art nicht zimperlich umzuspringen. Dies beweist, unter anderem, die Geschichte vom Meister Schnippel zu Hirschberg in Schlesien: seines Zeichens Gewandschneider, bot er den Leuten Anlass sich hinter vorgehaltener Hand zu erzählen, er verstünde sich wie kein Zweiter darauf, die Kundschaft nach allen Regeln der Kunst übers Ohr zu hauen – bloß sei ihm nichts nachzuweisen.

Schnippel war ein gesuchter Mann für Gewandungen feinerer Art. Ob Hochzeitskleider, ob Festgewänder von Samt und Seide für Adel und bessere Bürgerschaft: was er anmaß, was Schnippel zuschnitt und nähte, das konnte sich sehn und bewundern lassen. Zudem war es, was den Lohn betraf, keineswegs überteuert. Der Meister verstand es dennoch, auf seine Rechnung zu kommen. Wer konnte ihn daran hindern, ein bis zwei Ellen Tuches unbemerkt auf die Seite zu bringen? Auch Silbertressen bemaß er reichlich zu seinen Gunsten, auch Goldborten, auch das seidene Futter, die kostbaren Knöpfe, den Pelzbesatz. Und falls sich die Kundschaft darüber verwunderte, schlug er entrüstet die Hände über dem Kopf zusammen und lamentierte: »Dass mich der Bock stoß!« (Dies war eine Redensart, die er gern gebrauchte.) »Was habt Ihr, was wollt Ihr denn? Alles hat seine Richtigkeit – oder wollt Ihr mich des Betruges zeihen, des schnöden Unterschleifs?«

Sein Geselle, der Zwirner-Franz, hatte Augen im Kopf. Er getraute sich es eines Tages, den Meister zu fragen, ob er's denn nicht zu weit treibe, der Herr Schnippel, mit dem, was er unbemerkt auf die Seite bringe?

»Sag das noch einmal!« Schnippel griff nach der Elle. »Das wagst du mir ins Gesicht zu sagen? Wer bist du denn, dass mich der Bock stoß, was kannst du mir denn beweisen?! Weg mit dir, aus dem Haus mit dir, Bursche – sonst bring ich dich vor Gericht!«

Darauf mochte der Zwirner-Franz es nicht ankommen lassen. Er schnürte sein Bündel, er trollte sich heimzu, übers Gebirge nach Aupa hinüber, zu seinen Eltern. Unterwegs gesellte sich ihm ein älterer Mensch zu, der vorgeblich gleichfalls ins Königreich Böhmen wollte; und wie es so geht unter Wandersleuten, kamen sie ins Gespräch miteinander. Da war denn auch bald die Rede vom Schnippel-Schneider in Hirschberg und seinen Machenschaften.

»Ja so?« Der Alte strich sich den grauen, ein wenig ins Rötliche spielenden Bart. »Ja so, ja so … Dann wird's den Herrn Meister wohl kaum verwundern dürfen, wenn man ihn eines Tages beim Wort nimmt …«

Bald darauf trennten sich ihre Wege. Der Zwirner-Franz stieg nach Aupa hinab, der Alte wählte den schmalen steinigen Pfad durch die Knieholzwiesen zum Ziegenrücken hinüber.

Am nächsten Montag in aller Frühe klopfte beim Schnippel-Schneider im Städtchen Hirschberg ein Botenjunge ans Fenster der Werkstatt. »He, Meister! Der Adlerwirt schickt mich, ein fremder Herr ist dort abgestiegen, der will Euch sprechen, er hat aber wenig Zeit, soll ich ausrichten!«

Gegenüber dem Hirschberger Rathaus, im Gasthof zum Schwarzen Adler, erwartete unsern Schneider ein vornehmer Fremder, nach Auftreten und Gewandung ein Freiherr, wenn nicht ein Graf. Ob der Meister bereit sei ihm bis zum Donnerstag einen Staatsrock zu nähen? Vom feinsten und kostbarsten Tuch, der Kragen mit Brüsseler Spitzen besetzt, die Knöpfe von purem Golde?

»Wie Euer Gnaden wünschen!« Schnippel verbeugte sich eifrig. »Es soll mir zur höchsten Ehre gereichen, dem allergnädigsten Herrn zu dienen …«

»Das Tuch und die Zutaten liegen dort bereit, auf dem Tisch beim Fenster. Beeil Er sich nun mir das Maß zu nehmen – und dass Er mir's weder zu knapp noch zu reichlich nehme.«

»Gewiss, Euer Gnaden! Es wäre, dass mich der Bock stoß, das erste Mal, dass ich falsches Maß nähme!«

Schnippel handhabte flink und dienstfertig Bandmaß und Elle: die Breite der Schultern, den Umfang der Brust bei angehaltenem wie bei ausgestoßenem Atem, die äußere wie die innere Ärmellänge in Streckung und Beuge – nicht zu vergessen die Weite des, mit Respekt zu sagen, allergnädigsten Bauches. »Der Staatsrock muss weit genug sein, jedoch ohne Falten zu werfen … Zugleich aber muss er sitzen, und zwar aufs Knappste, ohne dass Euer Gnaden auch nur im Mindesten sich beengt fühlen …«

Das Maß war genommen, es war notiert. Der Schneider verbeugte sich untertänigst, um alsbald samt Tuch und Zubehör heimzueilen in seine Werkstatt.

Auch diesmal konnte er der Versuchung nicht widerstehen: Im Lauf der Arbeit brachte er auf die Seite, so viel er nur konnte – vom Stoff, von den Brüsseler Spitzen, auch von den Silberborten. Bloß bei den goldenen Knöpfen musste er ehrlich bleiben, so schwer es ihm fiel, denn sicherlich waren sie abgezählt.

Am Donnerstag um die elfte Vormittagsstunde fand Schnippel sich mit dem fertigen Staatsrock im Schwarzen Adler ein, vom gnädigen Herrn dort bereits erwartet. »Wenn allergnädigste Gnaden belieben möchten, den Rock zu probieren …«

Der Staatsrock passte dem Fremden wie angegossen: reichlich genug, jedoch ohne Falten zu werfen – und knapp, aber nicht zu eng. »Ich muss sagen, da hat Er ein gutes Stück Arbeit geleistet, Schnippel!«

Wohlgefällig betrachtete sich der vornehme Herr im Spiegel. Die Breite der Schultern, der Umfang der Brust bei angehaltenem wie bei ausgestoßenem Atem, die äußere wie die innere Ärmellänge in Streckung und Beuge, nicht zu vergessen die Weite des Bauches – dies alles stimmte und passte aufs Allergenaueste.

»Und wie viel ist Ihm übrig geblieben an Tuch und sonstigen Zutaten, Meister?«

»Nichts, mit Verlaub zu sagen, das Allergeringste nicht.«

Schnippel erhob die Schwurfinger. »Wollen mich Dero Gnaden etwa Betruges zeihen, des schnöden Unterschleifs? Alles, dass mich der Bock stoß, hat seine Richtigkeit!«

»No schön, Meister – wie Er meint und mir dies bekräftigt.«

Der Fremde, nach Auftreten und Gewandung zumindest ein Freiherr, wenn nicht ein Graf oder mehr noch, blickte den Schneider unter gerunzelten Brauen verächtlich an. »So mag dir nach deinen eigenen Worten geschehen, Schneiderlein!«

Von gicks auf gacks nahm der fremde Herr die Gestalt eines Ziegenbocks an, eines Bockes mit struppigem schwarzen, deutlich ins Rötliche spielenden Fell. Augen wie glühende Kohlen, gefletschte Zähne, die Hörner gefällt: so stieß er den Meister Schnippel ins Kreuz, in die Rippen, vor allem jedoch in den Allerwertesten – Maß genommen und zugestoßen, Maß genommen und zugestoßen!

»Gewalt, ihr Leute, Gewalt, Gewalt!« Der arme Schneider schrie gellend um Hilfe. »Schafft mir den toll gewordenen Bock vom Leib!«

Die Bürgersfrauen, die Bürger, die Bürgerskinder im Städtchen Hirschberg vermeinten nicht recht zu sehen, nicht recht zu hören. Was denn, um Himmels willen, war in den Schnippel-Schneider gefahren, dass er, laut schreiend und sich mit beiden Händen den Hintern haltend, in wilden Sprüngen über den Marktplatz hopste – und nichts wie für immer hinaus zum Glogauer Tor!

Die Bürgersfrauen zu Hirschberg, die Bürgerskinder, die Bürger – wie hätten sie ahnen sollen, welche Bewandtnis es mit dem Zetergeschrei, den seltsamen Sprüngen und Schnippels Verschwinden hatte, da sie den Ziegenbock,

dessen Gehörn und zottiges schwarzes, deutlich ins Rötliche spielende Fell nicht wahrnehmen konnten?

Für uns aber, eingedenk Zwirner-Franzens Begegnung mit jenem Fremden und ihres Gespräches, während sie ein Stück Weges Seite an Seite über das Riesengebirge gewandert waren – für uns gibt es keinen Zweifel daran, wer auf solche Weise die diebische Schneiderseele darüber belehrt hat, was rechtes Maß sei – und wer sie für alle Zeiten aus Hirschberg verscheucht haben mag.

Polnische Öfen

Früher konnte in den meisten Bauernhäusern bloß die Wohnstube beheizt werden, auch in den Bergbauden des Riesengebirges gab es jeweils nur einen Ofen: mannshoch, aus Ziegelsteinen errichtet, außen mit Lehm verschmiert, selten mit Kacheln verkleidet. Einen solchen Ofen zu setzen, war eine Kunst für sich. Zum einen musste er einen guten Zug haben, zum andern galt es, die beim Heizen entstehende Wärme möglichst gründlich auszunützen. Deshalb wurde die heiße Luft im Inneren des Ofens durch eine Reihe von Gängen und Kammern geführt, die sich daran aufheizten und die Wärme gleichmäßig an die Außenwände des Ofens abgaben. Ofensetzer, die ihr Handwerk verstanden, waren gesuchte Leute. Auch in den Bürgerhäusern der Städte, auch in Schlössern und Adelspalästen.

Im Taufregister der Stadtkirche von Böhmisch-Aicha stand er als Franz Xaver Posselt verzeichnet, gerufen wurde er nur der Posseltfranz. Er hatte als Lehrjunge auf der Spiegelhütte in Blottendorf gelernt, wie man Glasöfen aufmauert und instand hält. Da war es dann bis zum richtigen Ofensetzer nur noch ein kleiner Schritt gewesen. Die Wanderjahre hatte er in Schlesien verbracht, unter anderem in der Stadt Bunzlau, ob ihrer irdenen Töpfe, Krüge und Kacheln weithin bekannt. Selbst das ferne Podolien hatte er aufgesucht, um zu erlernen, wie Öfen auf polnische Art gesetzt wurden, nämlich so, dass sie besonders viel Wärme ausstrahlten, wie man sie in den podolischen Wintern nur allzu gut brauchen konnte.

Nun aber, da er meinte, er habe sich in der Fremde hinlänglich umgetan, trat er den Heimweg nach Böhmen an – und der führte ihn übers Riesengebirge. Bis zu den Teichbauden wanderte er gemeinsam mit einem Schindelmacher aus Krummhübel, der sich dort auskannte.

Während sie in der Baude am Kleinen Teich noch gemeinsam das Versperbrot verzehrten, ließ Posseltfranz sich den Weg nach Böhmen hinüber genau beschreiben. Im Weiterwandern war er mit größter Sorgfalt darauf bedacht, keine der Wegmarken unbeachtet zu lassen, die ihm der Schindelmacher genannt hatte.

Um die Mittagszeit auf der Kammhöhe angelangt, hielt er Umschau nach einem Rastplatz und siehe da! – unweit des Weges erblickte er eine Baude. Zwar hatte der Schindelmacher sie nicht erwähnt, doch schien sie seit Menschengedenken an dieser Stelle zu stehen: Das Dach war von Moos und Flechten bedeckt, das Balkenwerk schimmerte silbergrau. Der Baudenwirt, ein vierschrötiger Mann mit struppigem roten Bart, stand wie zufällig vor der Tür.

»Willkommen!«, rief er ihm freundlich zu. »Komm in die Baude, Wanderbursch, und erzähl mir was von der weiten Welt!«

Posseltfranz ließ sich nicht zweimal heißen. Drinnen bewirtete ihn der Baudner mit Brot und Ziegenmilch. Das Brot, obgleich schwarz und grobkörnig, schmeckte so köstlich, dass Posseltfranz keinen Streuselkuchen dagegen getauscht hätte. Und die Milch erst! Wie Sahne, wie Schmetten, um es mit einem böhmischen Wort zu sagen, rann sie ihm durch die Kehle.

»Lieber hätt ich dir eine Mehlsuppe vorgesetzt«, sagte der Baudenwirt. »Bloß – mein Ofen kriegt keinen Zug mehr. Der Ofensetzer aus Schatzlar ist krank geworden. Jetzt sitze ich da wie das Kind im Dreck. Wie soll ich nun mit den Ziegen über den Winter kommen?«

Dann habe ihn wohl ein günstiger Wind herbeigeweht!, meinte Posseltfranz und besah sich den Ofen. Man werde ihn wohl zur Hälfte abtragen müssen, befand er. Noch besser wäre es freilich, ihn überhaupt niederzureißen und einen neuen zu bauen. Ob Ziegelsteine zur Hand seien, ob es Lehm gebe?

Lehm und Ziegelsteine genug! Was die Sache denn kosten werde?

Vier Gulden wären der übliche Lohn. Da der nötige Werkstoff vorhanden sei, täte es Posseltfranz, gegen Kost und Nachtlager, auch für drei. Der Wirt war's zufrieden, Posseltfranz machte sich an die Arbeit.

Fürs Einreißen brauchte er einen knappen Tag; um den neuen Ofen auf polnische Art zu errichten, war nahezu eine Woche vonnöten.

Während der ganzen Zeit ließ sich, seltsam genug, kein Fremder auch nur von ferne im Umkreis der Baude blicken, kein Kräutermann kam vorbei, kein Wanderbursch bat im Vorübergehen um Wegzehrung.

Posseltfranz hatte sein gutes Auskommen unterm Schindeldach; einmal am Tag bekam er sogar eine warme Mahl-

zeit, im Windschutz der Baude auf offenem Feuer gegart: Hirsebrei, Erbsenbrei, Linsensuppe, auf Speck gebratene Pilze.

Die Arbeit war unserm Ofensetzer flott von der Hand gegangen, bis auf ein einziges kleines Missgeschick. Als er die Außenseite des fertig aufgemauerten Ofens mit Lehm verputzte, brach ihm das Blatt seiner Maurerkelle nach hinten weg.

»Nimm die da!« Begütigend hielt ihm der Baudenwirt eine andere Kelle hin, der Ofensetzer aus Schatzlar habe sie hier vergessen. »Kelle ist Kelle – oder?«

Posseltfranz war der Meinung gewesen, es werde wohl Abend werden, bis er sein Werk getan hätte: nun aber, mit der neuen Kelle, schaffte er's wider Erwarten bis Mittag.

»Das müssen wir feiern!« Der Gastgeber setzte ihm das berühmte Schlesische Himmelreich vor, ein Gericht aus Pökelfleisch, Hutzelbirnen und Grießknödeln. Posseltfranz ließ es sich schmecken. Sechs Tage, meinte er, brauchte der Ofen, um anzutrocknen. Am siebenten dürfte der Baudner ihn erstmals anheizen – aber sachte, sachte.

Drei Gulden waren als Lohn vereinbart, drei Gulden zählte der Baudenwirt auf den Tisch. »Und die Kelle da, Wanderbursch – nimm sie als Dreingabe mit. Und zum Andenken!«

Posseltfranz schob die drei Gulden ein, er dankte dem Wirt für die Kelle, für Herberge, Speise und Trank. Dann nahm er Abschied und wanderte seines Weges weiter, hinunter ins Böhmische.

Noch einmal wollte er seinem Gastgeber winken, keine vier Dutzend Schritte mochten dazwischen liegen. Doch als er sich umschaute, war die Baude verschwunden! Als sei sie im Erdreich versunken, als habe der Wind sie davongeweht. Wo sie vormals gestanden hatte, schimmerte eine silbrige Wolke über den Bergwiesen.

Dem Ofensetzer aus Böhmisch-Aicha begann es zu dämmern, bei wem er die letzten Tage verbracht, wessen Ofen er da gesetzt hatte, aufgemauert nach polnischer Art und sorgsam mit Lehm verschmiert.

»Die Kelle!« Nach allem, was ihm zu Ohren gekommen war, jenen riesengebirgischen Rotbart betreffend: Die Kelle, ihr Blatt zumindest – ob sie inzwischen zu Golde geworden war?

Nichts dergleichen. Keine Verwandlung zu Golde, keine zu Silber.

Und dennoch! – aber das hat sich erst später erwiesen, im Fortgang der Jahre, in deren Verlauf der Herr Posselt zu einem berühmten, einem gefragten Meister seines Handwerks geworden war: Alle Öfen, die er je mit besagter Kelle errichtet hat, sei es mit Lehm verstrichen, sei es gekachelt – im ganzen Königreich Böhmen gab es dergleichen Öfen kein zweites Mal. Nicht auf den Dörfern, nicht in den Bürgerhäusern zu Turnau, zu Warnsdorf, zu Reichenberg. Ja selbst auf den Schlössern der Grafen Kinsky zu Hirschberg, der Grafen Waldstein, der Fürsten Schwarzenberg, im Palais der Clam-Gallas zu Prag nicht.

Die Könige aus dem Hüttendorf

Ihre Ware stellte jede der alten Glashütten in den böhmisch-schlesischen Wäldern nach besonderen Rezepturen her, obzwar stets aus den gleichen Grundstoffen: einem Gemenge aus Kalkstein, Quarzsand und einer Lauge, die aus der Asche gewisser Bäume gewonnen wurde. Mittels bestimmter Zusätze, die man dem Grundgemisch in genau dosierter Menge beifügte, ließ sich die Farbe des Glases verändern. Solche Mischungen herzustellen war Sache des Schmelzers, auf kleineren Hütten des Hüttenmeisters. Die Rezepturen wurden aufs Strengste geheim gehalten; nicht selten nahmen die Eingeweihten sie mit ins Grab.

Damals mussten sie auf der Labauer Hütte im Böhmischen kalten Ofen machen. Der Hüttenmeister, Herr Christoph Wander, hatte sich's in den Kopf gesetzt, ein Rubinglas heranzuschmelzen, wie es bislang nur den hochberühmten venezianischen Glasmachern auf der Insel Murano gelungen war: ein dunkel glühendes, purpurfarbenes Glas von erlesener Kostbarkeit. Trotz vieler Versuche hat der Herr Wander das Rätsel des roten Glases aber nicht lösen können. Sein ganzes Vermögen ist dabei draufgegangen, das Heiratsgut seiner Frau dazu; und nun hatte er also die

Hütte stilllegen müssen: die Feuer wurden gelöscht, das Pochwerk verstummte, die Schleifmühlen wurden angehalten und alle Hüttenleute, die Glasmacher und die Schürer, die Einträger und die Hüttenjungen hatten nun keine Arbeit mehr.

Sie hockten daheim in der Stube und drehten die Daumen, das nannten sie kalten Ofen machen. So wurde es Winter, so kamen die Weihnachtstage heran, traurige Weihnachtstage in diesem Jahr.

Einem der Glasmacher kam am Abend des zweiten Feiertags ein Gedanke. Richterkarl tat sich mit Eichlers Fernand zusammen und mit dem langen Schier. Die drei waren gute Freunde von Kind auf. Am gleichen Tage waren sie Hüttenjungen geworden und später Glasmacher.

Als junge Burschen waren sie in der Zeit zwischen Weihnachten und dem Dreikönigstag auf den Dörfern herumgezogen und hatten sich, vorstellend die Drei Heiligen Könige aus dem Morgenland, vor den Haustüren mancherlei Gaben ersungen – was hinderte sie daran, es wiederum zu versuchen?

Am andern Morgen zogen sie los, jeder mit einem Rucksack versehen, über der Jacke ein Leintuch als Königsmantel, die Königskronen aus Blech um die Mützen gesteckt. Richterkarl, Stirn und Wangen mit Ofenruß voll geschmiert, war der Mohrenkönig. Auch der Weihnachtsstern fehlte nicht, Eichler trug ihn den dreien auf einem Haselstecken voran.

Im Lauf der Woche suchten sie alle benachbarten Glashütten auf. Auch in den Dörfern am Wege ließen sie keine Schwelle aus. War das Dreikönigslied gesungen, trat Richterkarl einen halben Schritt vor und sagte:

»Weil wir in Labau kalten Ofen haben,
So bitten wir um milde Gaben.
Was ihr uns gebt, wir nehmen's gern,
Im Namen Gottes, unsres Herrn.«

Kaum eine Haustür, von der sie unbeschwert weitergezogen wären. Hier gab es Äpfel und Nüsse, dort einen Pfefferkuchen, dann und wann ein Stück Wurst, ein Stück Räucherspeck, manchmal auch ein paar Kreuzer in blanker Münze. Die erste Nacht verbrachten sie auf der Kamnitzer Hütte neben dem Schürloch des Glasofens, die zweite in Friedrichswald. Am dritten Abend kehrten sie heim ins Hüttendorf, um die Rucksäcke auszuleeren; da war die Freude bei Frauen und Kindern groß.

Die nächste Wanderung führte sie über Reiditz nach Rochlitz hinüber, dann an der Iser aufwärts nach Harrachsdorf. Hier nun, es war am Vorabend des Dreikönigstags, meinte Richterkarl, ob es nicht möchte nahe liegen, einen Schlenker hinaus zu machen ins Schlesische, auf die Hütte von Schreiberhau; dort könnten sie noch vor Anbruch der Dunkelheit eintreffen. Eichler hielt das für wenig ratsam, weil sie dann übers Gebirge müssten. Doch Richter meinte, der Fernand habe wohl Angst vor dem Rübezahl – oder was sonst? Dies hinwiederum mochte Eichler nicht auf sich sitzen lassen. »Von mir aus«, knurrte er, »ziehen wir alsdann los!«

Bald hinter Neuwelt hat es jedoch zu schneien begonnen, kaum merklich anfangs, in feinen, winzigen Flocken, die dichter und immer dichter fielen, bis schließlich die Könige aus dem Hüttendorf kaum noch die eigenen Füße erkennen konnten, geschweige denn Weg und Steg.

»Ich tu mir allmählich vorkommen wie ein Blinder im Nebel«, brummte der lange Schier. Und Eichler meinte: »Aus heiterm Himmel – ein solches Wetter! Das kann uns bloß Rübezahl übern Weg geschickt haben …«

»Sei bloß stille!«, beschwor ihn Richter. »Dir tut's wohl noch nicht genug schneien?« Schier gab ihm recht, er drängte zum Weitergehen, sonst möchten sie hier noch anfrieren.

Von jetzt an leistete ihnen der Stern von Bethlehem gute Dienste. Nicht etwa dass er ihnen geleuchtet hätte, das leider nicht. Doch war er ja, wie berichtet, an einem Haselstecken befestigt, an welchem sich nunmehr, auf dass man sich unterwegs nicht verlöre, die Majestäten festhalten konnten. So stapften sie durch das Schneegestöber, ohne zu ahnen, in welche Richtung sie gingen, ohne zu wissen, wie lang sie schon unterwegs waren. Alle nasenlang hielten sie an, um die Plätze zu wechseln. Wer bis dahin an letzter Stelle gegangen war, übernahm nun die Spitze, die anderen rückten hinter.

Das mochte so zehn- bis zwölfmal geschehen sein, sie waren schon recht ermüdet und der Verzweiflung nahe, da hörten sie jemanden rufen – und plötzlich gewahrten sie einen Lichtschein, der ihnen durch den Flockenwirbel entgegenschimmerte! Wenig später trat ihnen die Gestalt eines Mannes entgegen. Das Licht seiner Sturmlaterne auf sie gerichtet, fragte er ziemlich unwirsch, was sie denn hier verloren hätten, bei diesem Hundewetter.

»Schon mancher ist an der schlesischen Grenze winters zu Tode gekommen, in Schnee und Kälte und Finsternis«, raunzte er. »Rasch jetzt in meine Baude, da könnt ihr euch aufwärmen!«

Das war Rettung in höchster Not. Nach wenigen Schritten öffnete sich vor ihnen die Baudentür. Behagliche Wärme empfing sie, im Kachelofen knisterten dicke Scheiter von Buchenholz. Und der Schein einer Lampe, im Stubenwinkel über dem Tisch hängend, tauchte den Raum in freundliches Licht.

Sie klopften den Schnee von Schultern und Rücken, sie streiften die weißen Laken, die kalten Röcke ab. Auch schlupften sie aus den steif gefrorenen Schuhen und streckten die klammen Füße dem Ofen zu.

Was denn die blechernen Kronen an ihren Mützen bedeuteten, wollte der Baudner wissen. Es zeigte sich, dass er ein hoch gewachsener Mann war: breitschultrig, starke Arme, buschige Augenbrauen, der mächtige Bart von rötlicher Farbe.

Eichler berichtete, wer sie seien und wen sie vorstellten. Der Baudenwirt hieß sie ihr Lied singen, was sie auch taten. Danach brachte Richterkarl seinen Spruch mit der Bitte um milde Gaben vor.

»Ja so?« Der Bärtige wiegte den Kopf. Kalter Ofen – und mitten im Winter, das müsse schlimm sein … Ob es denn Gründe gebe, und wie es dazu gekommen sei.

Das sei rasch erklärt, beschied ihn der lange Schier. Der Herr Wander hätte sich's in den Kopf gesetzt, er müsste auf seiner Hütte Rubinglas erzeugen – nu ja, und das sei ihm nun leider fehlgeschlagen, Gott sei's geklagt.

Dennoch, so Richter, könnten die Hüttenleute ihm keinen Vorwurf machen. Sie alle, vom ältesten Glasmacher bis zu den grünsten Hüttenjungen: sie alle hätten es sich und dem Meister gegönnt, wenn es ihm möchte geglückt sein, die Rezeptur für das rote, das dunkel glühende Glas zu finden. Als Erstem von allen Hüttenmeistern im Königreich Böhmen.

»Nu ja, nu ja.« Der Baudenwirt schürte das Feuer im Ofen nach. »Dies ist das eine. Das andere sind die Könige aus dem Morgenland, die ihr vorstellen tut. Berichtet mir, was man von ihnen wissen sollte.«

Jetzt war es Eichler, der zu erzählen anhob, die anderen fielen später ein. Die Dreikönige aus dem Morgenland seien damals, in jenen fernen Zeiten dem Stern von Bethlehem folgend, zur Krippe gewandert, geleitet von prächtig gewandeten Dienern, mit feurigen Rossen, Kamelen und Elefanten, mit Gold und Weihrauch und Myrrhen, womit sie den lieben Heiland beschenkt hätten, jenes Gotteskind auf dem Stroh, das der Anhauch von Ochs und Esel erwärmt und am Leben erhalten hätte, zum Heil der Welt wie zu ihrer aller Erlösung aus dem Verhängnis von Schuld und Sünde.

»Gloria, Gloria in excelsis Deo!«, hätten die himmlischen Heerscharen damals gejubelt, über dem Stall von Bethlehem. »Und Friede auf Erden – allen, die guten Willens sind.«

Schweigend hatte der Bärtige ihnen zugehört, in Gedanken versunken. Nun hob er die Brauen und blickte sie forschend an. »Stimmt das auch alles, was ihr mir da erzählt habt? Stimmt es auch ganz gewiss?«

Dafür könnten sie sich verbürgen mit Haut und Haar, sagte Eichler, die Hand aufs Herz legend, sagte Richterkarl, sagte der lange Schier.

»Eine schöne Geschichte, die ihr mir da erzählt habt, tröstlich und wundersam.« Der Baudner blickte versonnen ins Feuer. »Habt Dank, ihr drei Blechgekrönten, habt Dank dafür!« Hierauf kredenzte er ihnen ein heißes Gebräu, das nach Vogelbeeren und Arnika schmeckte, nach wildem Honig und – ja, wonach schmeckte es sonst noch? Es schmeckte nach Enzian und nach Salbei, nach Quendel und Thymian, nach den herrlichsten Kräutern, den rarsten Wurzeln, die es im Riesengebirge zu finden gab. Davon wurden ihnen die Köpfe warm und die Glieder schwer – und ehe sie's richtig merkten, waren sie weggeschlafen.

Am Morgen des nächsten Tages, mithin am Dreikönigsmorgen, erwachten die Könige Richter, Eichler und Schier unterm Dach eines morschen Schuppens unweit der schlesischen Hütte zu Schreiberhau.

An Richterkarls Krone steckte ein Blatt Papier, darauf stand geschrieben: »Der Brief für Herrn Christoph Wander, Hüttenmeister zu Labau – das Geld für euch«; Eichlers Fernand entdeckte einen versiegelten Umschlag, angeheftet am obersten Zacken des Sterns von Bethlehem; und der lange Schier, wer beschreibt sein Erstaunen? – der lange Schier, als er zufällig in die Taschen griff, fand darin drei Dukaten vor, also für ihrer jeden einen.

Den Schlenker nach Schreiberhau haben die morgenländischen Könige sich erspart, vielmehr sind sie schnurstracks zurückgewandert ins Hüttendorf, diesmal nicht zu den Weibern und Kindern, sondern ins Meisterhaus zum Herrn Christoph Wander. Und der Herr Wander, weiß Gott, hat nicht schlecht gestaunt, sobald er den Brief gelesen hatte.

Ob sie denn wüssten, was da geschrieben stünde? Es sei dies die Rezeptur zur Gewinnung des roten Glases, die echte, die einzige … Schade nur, dass man sie nicht erproben könne.

Warum denn nicht?, meinte Richter. Was denn der Probe entgegenstünde? – Weil man, so der Herr Christoph Wander, der Schmelze ein Quantum Dukatengold zusetzen müsse: woher das nehmen? – Nu, nu, das möcht sich wohl finden lassen, erwiderte Eichlers Fernand; und jetzt war's am langen Schier, mit seinem Dukaten herauszurücken, Eichler und Richterkarl fügten die ihren hinzu, ohne lang zu zaudern. Ob das wohl reichen möchte? Dann möge er doch, der Herr Vater und Hüttenmeister, die drei Dukaten von ihnen zur Leihe nehmen und alsbald die Probe auf das Rezept machen, der Probierofen in der Schmelzerstube sei ja rasch angeschürt.

Und wenn nun die Sache fehlschlüge?, meinte Herr Christoph Wander. – Dann hätten sie eben Pech gehabt, sagte Eichler für alle dreie, die Probe dürfe daran nicht scheitern.

Machen wir's kurz. Am Tage nach jenem Dreikönigstag sei es dem Hüttenmeister von Labau gelungen, erstmals im ganzen Königreich Böhmen das edle, bis dahin nur in Venedig erzeugte Rubinglas heranzuschmelzen: ein wundersam schönes, ein dunkel glühendes Glas – zum Dank für die wundersam schöne, die wundersam tröstliche Geschichte vom Gotteskind in der Krippe, zur rechten Stunde erzählt, von den rechten Leuten, am rechten Ort.

Glück und Glas

Die Anfänge des später weltweit betriebenen böhmischen Glashandels waren bescheiden. Zunächst wurde auf den Glashütten der sudetischen Gebirge bloß einfaches Waldglas erzeugt, grünstichig, blaustichig, häufig von kleinen Blasen durchsetzt. Die fertige Ware, in der Hauptsache schlichte Becher und Butzenscheiben, wurde Stück für Stück mit Stroh umwickelt und von Fuhrleuten ausgefahren. Erst später lernte man auf den Hütten feinere Gläser herzustellen, nicht selten bemalt, auch mit eingeschliffenem Zierrat versehen. Solche Gläser waren nicht billig. Unternehmungslustige Männer trugen sie in Buckelkörben auf eigene Rechnung und Gefahr in fremde Länder und Städte, um sie dort feilzubieten. Auch Johann Nepomuk Wenzel Schober aus Böhmisch Kamnitz, genannt der Schoberwenz, versuchte auf diese Weise sein Glück.

Ein paarmal schon hatte der Schoberwenz beim Hüttenmeister zu Reiditz einen Buckelkorb voller Glas erstanden und war damit losgewandert – auf Schusters Rappen nach Dresden, nach Leipzig, nach Prag, nach Preßburg in Oberungarn. Diesmal sollte die Reise nach Breslau gehen, hinaus ins Schlesische.

Der Buckelkorb war mit feinsten Gläsern gefüllt, sorgsam mit Stroh umflochten. Kristallklare Schmuckgläser, auch Gläser von smaragdgrüner und kobaltblauer Farbe. Der Reiditzer Hüttenschreiber quittierte Schoberwenzen den Kauf, die Ware gehörte nun ihm. Was sie ihm eintrug, war seine Sache allein. Und wenn sie zu Bruch ging, war es allein sein Schaden.

Der Schoberwenz, damals ein Bursche von Mitte zwanzig, war stämmig und voller Zuversicht, was das Leben und seine Zukunft betraf. Wenn er sich unterwegs in Acht nahm – was konnte ihm dann geschehen? Er würde mit Umsicht und Gottes Hilfe auch diesmal auf seine Rechnung kommen.

Damals wie heute führte der kürzeste Weg von Reiditz nach Breslau über das Riesengebirge.

Schoberwenz stieg hübsch langsam mit seiner Bürde zur schlesischen Grenze empor, umsichtig Schritt vor Schritt setzend. Hauptsache: nichts übereilen, bloß keinen Fehltritt tun!

An der Baumgrenze angelangt, meinte er, dass es nun an der Zeit sei zu einer Rast. Den Buckelkorb stellte er auf dem Strunk einer Fichte ab, er selber ließ sich im Grase nieder und zog das Wanderbrot aus dem Vorratsbeutel, dazu ein Stück Kümmelwurst.

Er hatte kaum ein paar Bissen getan, als ein Schatten auf seine Stiefel fiel. Hinter ihm ließ sich eine Stimme hören, die alt und ein bissel rostig klang: »Nu, mein Lieber, dir schmeckt's wohl – was?«

Unbemerkt war ein alter Mann an den Wenz herangetreten. Verwitterter Filzhut mit breiter Krempe, lodener Wetterfleck, wollene Strümpfe. Ein Bart wie von ehemals rötlich gefärbter Wolle, jetzt ausgebleicht und zerzaust, dazu buschige Brauen – und Augen, von denen ein seltsames Funkeln ausging.

Schoberwenz dachte sich weiter nichts dabei. »Magst du auch einen Happen?« Er deutete auf das Brot, auf die Kümmelwurst.

»Dank schön, dank schön.« Der Alte nickte ihm freundlich zu. »Unsereins hat zu essen, was unsereins braucht.«

Dann fragte er, nicht ohne einen gewissen warnenden Unterton in der Stimme: »Und du traust dich mit deinem Buckelkorb voller Glas übers Riesengebirge? Fürchtest du nicht den Herrn der Berge und seine Tücke?«

»Ach was!«, widersprach ihm der Schoberwenz. »Weshalb sollt ich mich vor ihm fürchten? Selbst wenn es ihn geben täte, was möchte der alte Kinderschreck mir schon antun können?«

»Nu – was wohl?« Der Fremde blickte ihn von der Seite an. »Er könnte dir, beispielsweise, den Buckelkorb mit den Gläsern umschmeißen, dass sie samt und sonders zu Bruche gehn!«

»Rübezahl? Dass ich nicht lache!«

»Lach lieber nicht – er möcht's hören können …«

»Dann soll er's doch!«, meinte der Schoberwenz; und schon rief er mit lauter Stimme: »Hörst du mich, Rübezahl? Hör doch, wie ich dich fürchte!«

Damit brach er in lautes Gelächter aus – indes nicht für lange.

Heilige Muttergottes von Haindorf, was war das? Dem Schoberwenz verschlug es den Atem, das Lachen verging ihm. Der Baumstrunk, auf dem er den Buckelkorb abgesetzt hatte, er begann sich zu schütteln, der Baumstrunk begann

sich zu rütteln! Dann gab er dem Korb mit dem teuer erworbenen Glas einen solchen Stoß, dass er einen Luftsprung tat.

Mehr noch! Zu Schoberwenzens grenzenlosem Entsetzen überschlug sich der Buckelkorb in der Luft und stürzte danach kopfüber herab auf den Fichtenstrunk. Pardauz!, stand er wieder am alten Platz, mit dem Boden nach oben.

Der Schoberwenz hatte dem Schauspiel zusehen müssen, ohne sich rühren, ohne dazwischenfahren zu können. Jetzt, da die Starre von ihm gewichen war, raufte er sich das Haar.

»O jemmerschnee, um das schöne, das teure Glas!«, begann er zu jammern. »Alles hin und zerschmissen! O jemmerschnee! Noch einmal so ein Pech – und ich kann mich aufhängen!«

»Was nicht gar!«, sprach der Alte. »Hab ich dich nicht gewarnt vor dem Herrn der Berge? Aber du hast ja nicht auf mich hören wollen. Nu, irgendwie wird sich's schon wieder richten ...«

Die Glasscherben lagen im Gras verstreut, rings um den Fichtenstrunk. Der Schoberwenz las sie sorgsam auf. Ein paar Kreuzer würden sich wohl noch dafür erlösen lassen beim Reiditzer Hüttenschreiber: wenigstens noch zur Einschmelze taugten sie ...

Ob er auch nichts übersehen habe, der Wenz? Keinen Scherben im Gras, keinen Splitter?

Der Alte deutete mit der Stiefelspitze auf einen gelblich schimmernden Glasbrocken. »Hast du was mit den Augen, dass du ihn liegen lässt?«

Wie konnte der Wenz den gelblich schimmernden Brocken bloß übersehen haben? Der Brocken glänzte, der Brocken funkelte in der Sonne – ein Glasbrocken war das nicht! Dies war ein faustgroßer Brocken von schierem Dukatengold!

Dem Schoberwenz gingen die Augen über. Wie mochte der Goldklumpen unter die Scherben geraten sein, unter den schäbigen Rest der zerschmissenen Ware?

Jemand brach in Gelächter aus, jemand hatte sich einen gewaltigen, einen riesenmäßigen Spaß gemacht!

Als Schoberwenz aufblickte, war der Flechtenbärtige mit dem Faltengesicht verschwunden. Rauchschwaden trieben im Wind davon, das Gelächter verhallte wie ferner Donner.

Sollte noch jemand zweifeln, wer jener Alte gewesen sei, dem ist nicht zu helfen. Schoberwenz wusste es, Schoberwenz schlug drei Kreuze. Dann aber nichts wie den Buckelkorb voller Scherben aufgehockt und zurück ins Tal!

Vom Reiditzer Hüttenschreiber hat der Pechvogel die zu Bruch gegangene Ware schätzen lassen, ein paar lumpige Kreuzer hat man ihm dafür ausbezahlt – immerhin.

Den Goldbrocken aber, den hat er dem Hüttenmeister persönlich vorgelegt. Und der Hüttenmeister, nachdem er den Klumpen mit Waage und Scheidewasser geprüft und für echt befunden hatte: der Hüttenmeister hat ihm dafür eine hübsche Summe geboten.

No ja, da hat man natürlich noch eine Weile herumgefeilscht, ein paar Taler mehr, ein paar Taler weniger – bis man sich schließlich geeinigt hatte.

Im Ganzen hat der Erlös für den Schoberwenz ausgereicht, um nicht einen, nicht zwei, sondern sieben Buckelkörbe voll Glas erstehen zu können: sieben Buckelkörbe voll farbigem und geschliffenem Edelglas von der feinsten Sorte!

In Hinkunft hat Schoberwenz alle Verträge vom Hüttenschreiber nur noch auf seinen vollen Namen ausfertigen lassen, auf Herrn Johann Nepomuk Wenzel Schober aus Böhmisch Kamnitz. Auch hat er von jetzt an die kostbare Ware zunächst auf dem Schubkarren ausgefahren, bald schon im Planwagen. Bis nach Polen und Russland hat er sein Glas verfrachtet, nach Ungarn und an den Hof zu Wien. Bloß das Riesengebirge hat er auf künftigen Handelsfahrten gemieden – ein zweites Mal hat er mit dessen Herrn und Gebieter sich lieber nicht anlegen wollen.

Waldstreu für die Ziegen

Zu keiner Zeit haben die kleinen Leute im Riesengebirge ein leichtes Leben gehabt. Ochsen und Kühe konnte sich nur die gnädige Herrschaft halten; die einfachen Bauern und Häuselleute waren schon froh, wenn es ihnen auf zwei, drei Ziegen reichte. Während der kurzen Sommerszeit wurden die Tiere im Freien angepflockt und durften die Raine abgrasen. Das Heu und die Unterstreu für den Winter schaffte man aus dem Gebirge herbei. Auf dem Rücken schleppten die Männer in hohen Hucken das Heu von den Bergwiesen zu Tal. Und Sache der Frauen war es, in ihren geflochtenen Buckelkörben die Waldstreu einzubringen: trockenes Laub, das den Tieren untergestreut wurde. Keine leichte Arbeit! – jedoch, was tut man nicht um den Preis des täglichen Krügleins Ziegenmilch?

Beim Pichler-Weber in Petzer standen drei Ziegen im Stall; und da im Weberhäusel drei Kinder heranwuchsen, nämlich das Annla mit seinen Zwillingsbrüdern, dem Pepperla und dem Steffla, reichte die Milch für den Haushalt gerade hin. Für das Heu sorgte Pichler selbst; die Waldstreu zu holen, war Sache der Pichlerweber'schen, wessen denn sonst.

Es war eines schönen goldenen, noch von der Sonne

durchwärmten Septembertages. Die Pichlerweber'sche war zum Birkenhölzel hinaufgestiegen, den Buckelkorb auf dem Rücken, die Kinder am Rockzipfel. Als Unterstreu für die Ziegen nahm sie am liebsten trockenes Birkenlaub – hieß es doch, dass es Krankheiten von den Tieren fern halte, namentlich den gefürchteten Milchstau. War auch der Aufstieg zum Birkenhölzel ein wenig weiter, ein wenig steiler und steiniger als zu den Buchenwäldern unter der Büchlerkoppe, das nahm sie in Kauf.

Zur Rechten, nicht weit entfernt von dem Steig, dem die Weber'sche folgte, stieg blauer Rauch aus den Wäldern empor: dort hatte der Kohlenlenz seine Kohlstatt. In seinem Meiler brannte er die begehrte Holzkohle, wie sie nicht nur die Schmiede benötigten, auch die Glasmacher, auch die Krummhübler Laboranten, drüben im Schlesischen. Ein feiner Duft strich herüber, kaum wahrnehmbar roch es nach schwelender feuchter Rinde, nach sachte im Meiler glimmenden Buchenscheitern.

Am Rand des Birkenhölzels setzte die Pichler'sche den Korb ab und griff zum Rechen. »Pflückt Brombeeren«, wies sie die Kinder an. »Pflückt Himbeeren – aber seid lieb und vertragt euch!«

Damit begann sie die Waldstreu mit ihrem hölzernen Rechen zusammenzukratzen, die schöne trockene Waldstreu für die drei Ziegen drunten im Stall des Weberhäusels. Die Kinder indessen – was tun sie?

Das Pepperla, anstatt Beeren zu pflücken, hat ein paar glitzernde Steine unter den Sträuchern entdeckt und hervorgescharrt, die hält es dem Steffla unter die Rotznase. Sogleich fängt das Steffla zu schreien an, lauthals und quäkend, dass es durch Mark und Bein geht. »Glitzerla mir!«, schreit das Steffla in höchsten Tönen. »Glitzerla mi-hi-hiiiir!«

Die Weber'sche, derlei nicht ungewohnt, lässt sich dennoch vom Ärger hinreißen. »Ach, Lausepack!«, schimpft sie. »Könnt ihr nicht Frieden halten, müsst ihr denn immerzu streiten? Dass euch der Rübezahl hole, ihr Schreihälse!«

Kaum ausgerufen im ersten Unmut, tat es der Pichler'schen auch schon leid: So ernst war das nicht gemeint gewesen, gewiss und wahrhaftig nicht! Umso tiefer erschrak sie, als plötzlich ein über und über rußiger Bursche vor ihr stand, ein Mannsbild von breiten Schultern und hohem Wuchs, in der Hand eine Stange von Eichenholz, schwer wie ein Weberbaum. Ein Köhler? Der Kohlenlenz war das nicht!

»Was hat's?«, rief der Unbekannte mit rauer Stimme. »Soll ich sie wirklich mitnehmen, Pichler'sche, deine Lausejungen?«

Die Augen des Fremden glühten wie Kohlen im Meiler, sein Bart sei von züngelnder roter Farbe gewesen – so nochmals die Weber'sche, wenn sie darauf zu sprechen kam. »Lass den Unsinn!«, habe sie ausgerufen, sich vor die Kinder stellend. »Man wird doch wohl noch mal schimpfen dürfen?!«

»Die Kinder gefallen mir«, meinte der Fremde. »Ich möcht sie dir abkaufen, nenn den Preis!«

»Was hältst du von mir?!« Die Pichlerweber'sche schwang den Rechen. »Und wenn du mir hunderttausend Dukaten bötest – die Kinder sind mir nicht feil. Nicht um Geld, nicht um Gold!«

Hierauf habe der Unbekannte sie lange gemustert, der Blick sei ihr durch und durch gegangen, dass es ihr kalt und heiß geworden sei, heiß und kalt.

»Für diesmal will ich dich nicht beim Wort nehmen, Frau!« Die Stimme des Kohlenbrenners, sofern es ein Kohlenbrenner gewesen ist, klang wie Donnergrollen, wenngleich von ferne. »Doch hüte dich künftig vor solchen Reden – sonst könnte es sein, dass man dich beim Wort nimmt!«

Nun wandte er sich den Kindern zu. »Magst auch so ein Glitzerla, Steffla?« Er zog einen Kieselstein aus der Tasche. »Und du?« Das galt nun dem Annla. »Magst auch eins?«

»Und ich?«, rief das Pepperla.

»Meinetwegen, sollst auch eins haben – damit's kein Geschrei gibt.«

»Dass ihr euch untersteht!«, rief die Pichler'sche. »Weg mit den Steinen! – Und du da!«, fuhr sie den Rußigen an, fauchend wie eine wilde Katze. »Lass uns in Frieden und scher dich weg da!«

Der Fremde quittierte den Ausruf mit dröhnendem Lachen. Der Weber'schen schien es, als werde er größer und immer größer dabei. Sie beugte sich über die Kinder, um sie zu schützen. Verängstigt hielt sie die Kleinen mit beiden Armen umschlungen, bis das Gelächter verklungen war.

Wieder aufblickend, sah sie – nichts. Keine Spur, nicht den Schatten des Fremden, buchstäblich nichts, was an ihn erinnert hätte. Bloß dass die Kinder, das Annla, das Pepperla und das Steffla, je einen Kieselstein in den Händen hielten.

Da wurde die Mutter unwillig. »Muss man euch alles zweimal sagen?«, schalt sie. »Weg damit, weg damit!«

Der Buckelkorb war, wenn's hoch kam, zur Hälfte mit Waldstreu voll – doch nach allem, was ihr geschehen war, wollte die Weber'sche nichts wie nach Petzer hinunter, nichts wie nach Hause. Sie hockte den Korb auf, sie herrschte die Kinder an. »Kommt schon, kommt schon, wir müssen heim!«

Glücklich zu Hause, hat sie dem Pichler alles erzählt. Auch von den Kieselsteinen hat sie berichtet, von jenem rußigen Fremden den Kindern zugesteckt.

Das Annla, als folgsame Tochter, hatte ihr Glitzerla weggeworfen. Das Pepperla und das Steffla jedoch – die hatten es nicht übers Herz gebracht. Nun griffen sie in die Hosentaschen und wiesen dem Vater in ihren kleinen schmutzigen Händen die Kiesel vor.

»Kieselsteine?« Der Weber rieb sich die Augen. »Das sind ja Brocken von purem Gold!«

Ihm zur Ehre sei angemerkt, dass er dem Annla ihren Gehorsam nicht übel genommen hat – und ebenso wenig der Weber'schen ihr Gebot an die Kinder, das Glitzerzeug wegzuwerfen. Weiß man denn, ob dem Annla sein Glitzerla gleichfalls möchte zu einem Brocken von Golde geworden sein? Der Einzige, der es wissen könnte, schweigt sich darüber aus.

Goldene Hände

Im Vergleich zu heute war die Zahl der studierten Mediziner in alten Zeiten gering. Als Ärzte betätigten sich damals vor allem Barbiere und Bader, die eine handwerkliche Lehre zu absolvieren hatten. Manche von ihnen zogen als reisende Scharlatane durchs Land, mehr auf das Geld der Patienten bedacht, als auf deren Gesundheit. Auf Flugblättern wie in Fastnachts- und Rüpelspielen wurden sie häufig zur Zielscheibe derben Spottes. Auch in den frühen Rübezahlgeschichten kommen dergleichen Quacksalber ziemlich schlecht weg. Doch gab es natürlich, wie überall, so auch hier die glorreichen Ausnahmen.

Glasers Stephan stammte aus Nieder Langenau, einem Dorf in der Nähe von Hohenelbe. Sechs Jahre lang war er beim alten Kittel in Schumburg zur Lehre gegangen, bei jenem berühmten Arzt, der im Ruf stand ein Wunderdoktor zu sein. Bei ihm hatte Stephan die Heilkunst von Grund auf erlernt, so weit sie erlernbar war. Dann schickte der alte Kittel ihn auf die Wanderschaft. »Drei Jahre lang sieh dich um in der Welt; danach kannst du, wenn du Lust hast, bei mir in Schumburg Gehilfe werden.«

Für Glasers Stephan führte der Weg in die Welt zunächst

auf die Schüsselbauden, zu Kleinert-Pauls jüngster Tochter, der schönen Nanni. Er hatte sie letzten Herbst auf der Rochlitzer Kirmes kennen gelernt, seither war sie ihm nicht aus dem Sinn gegangen.

»Du bist es, Stephan?« Die Kleinert-Nanni schien kaum erstaunt zu sein, als er die Baude betrat. »Ich hab ja gewusst, du wirst eines Tages kommen. Hast du inzwischen ausgelernt?«

O ja, sagte Stephan, und da er ja nun auf die Wanderschaft müsse, habe er rasch noch bei ihr vorbeischaun wollen, um Lebewohl zu sagen: vielleicht auch, wenn es ihr recht sei, auf Wiedersehen.

Ob das bedeute, fragte die Nanni und wurde ein bissel rot dabei, dass er die Absicht habe wiederzukehren – und ob sie ihn denn ein paar Schritte begleiten dürfe, es sei ein so schöner Tag heute …

Stephan wollte hinaus ins Schlesische, also stiegen sie miteinander den Steig hinauf, der zur Goldhöhe führte; dort saßen sie eine Weile Seite an Seite auf einem Felsblock und wurden sich einig, dass sie ein Paar werden wollten, drei Jahre seien ja keine Ewigkeit.

Drei Jahre sind kurz, drei Jahre sind lang. In Breslau verdingte sich Glasers Stephan für ein paar Wochen als Helfer in ein Spital; dann diente er eine Zeit lang in Dresden bei einem Bader, hernach in Leipzig bei einem Wundarzt. Nach Karlsbad führte ihn seine Wanderschaft, nach Nürnberg, ins Schwabenland und nach Wien. Wo immer er eine Arbeit annahm, trug sie ihm neues Wissen ein, neues Können – und als die drei Jahre um waren, hatte er eine Menge hinzugelernt.

Auf dem Rückweg nach Schumburg, wie hätte es anders

sein können, machte er einen Abstecher zu den Schüsselbauden. Doch was für ein Wiedersehen! Nicht etwa dass Kleinerts Nanni sich einem anderen Hochzeiter zugewandt hätte in der Zwischenzeit: nein, sie war krank geworden. Matt und teilnahmslos lag sie im Bett, mit geschlossenen Augen, der Atem ging schwer und rasselnd: es war das Gelbfieber, das sie befallen hatte, jene gefürchtete Krankheit, die sich mit allen Arzneien und Wundermitteln der Welt nicht aufhalten ließ, geschweige denn heilen. Sie hätten, sagte der Vater traurig, erst kürzlich den alten Kittel aus Schumburg herbeigeholt: doch habe auch Kittel der Nanni nicht helfen können; selbst Rübezahl, der doch nach Jesus Christus der Arzt aller Ärzte sei, möchte da keinen Rat wissen.

»Nanni!«, bat Glasers Stephan. »Hörst du mich, liebe Nanni? Da bin ich wieder …«

Die Kranke schien schon weit weg zu sein, allzu weit, als dass die Stimme des jungen Mannes sie noch erreicht hätte. Stephan hatte genug gelernt, um zu wissen, was das bedeutete.

In seiner Verzweiflung stieg er hinauf zur Goldhöhe; dort ließ er sich auf dem Stein nieder, wo sie damals gesessen hatten, die Nanni und er. Was konnte er tun, wie sollte er sich verhalten?

Er entsann sich der wundersamen Geschichten vom Herrn der Berge, erzählt von der Großmutter, da er ein kleiner Junge gewesen war. Ach, wenn Rübezahl helfen könnte, der schon so vielen geholfen hatte!

Ein Tauber gurrt in der Ferne, das Knieholz wiegt sich im Wind; Glasers Stephan verwundert es kaum noch, dass mit der Zeit sich im Wind eine Stimme vernehmen lässt,

wispernd und fispernd anfangs, doch schwillt sie allmählich an: eine Stimme wie Wipfelrauschen, wie Wasser, das von den Bergen herniederbraust.

»Ich weiß, wer du bist. Ich kenne den Kummer, der dich bedrückt, und ich könnte dir helfen, Stephan. Du brauchst dich nur zu entscheiden, wem du ein guter Arzt sein willst: entweder der armen Nanni, das ließe sich einrichten – oder nicht ihr zwar, doch vielen anderen Menschen, die ärztlicher Hilfe bedürfen: Du hast die Wahl.«

Das war nun gewiss keine leichte Frage für Glasers Stephan. Was durfte, was musste ihm höher gelten, das Wohl vieler anderer Kranken oder das Wohl seiner armen Braut? Er vermochte nicht, so oder so zu sagen, es ging über seine Kräfte. Hatte ein Arzt nicht für alle da zu sein, die ihn brauchten? Für alle!

»Ich will dir Zeit geben«, ließ sich die Stimme im Wind vernehmen. »Zu Füßen der Goldhöhe findest du einen Brunnen. Ist es allein die Nanni, der du ein guter Arzt sein möchtest, dann netze die Hände in seinem Wasser bis zu den Handgelenken. Und wenn es statt ihrer die andern sind, viele Kranke und Sieche, die sich Genesung erhoffen, dann tauche hinab bis zu beiden Ellenbogen.«

Die Stimme im Wind verstummte, wie sie gekommen war. Das Herze ward Glasers Stephan schwer wie ein doppelter Maltersack. Hier seine Nanni – und dort jene vielen anderen Kranken, die ungezählten. Schritt vor Schritt setzend stieg er hinab von der Goldhöhe. Und mit jedem Schritt bedachte er, was zu tun sei, was wohl der alte Kittel ihm raten würde.

Endlich am Brunnen angelangt, hatte sich Glasers Stephan entschieden. Mag sein, dass gerade Kittel sich's anders von ihm erwartet hätte, edler und menschenfreundlicher – er jedoch, Glasers Stephan aus Nieder Langenau, entschied sich für seine Nanni: Bis zu den Handgelenken, und keinen halben Zoll tiefer, netzte er beide Hände im Wasser.

Kam da ein neuer Wind auf? Raunte da einer herab von der Koppe, diesmal mit Kittels Stimme, er habe recht getan? Am Anfang der Liebe zu allen Menschen stehe die Nächstenliebe, dies möge er nie vergessen! – zeit seines Lebens, zeit seines ärztlichen Wirkens nicht.

Glasers Stephan eilte zurück zu der armen Nanni. Er hat ihr zu wiederholten Malen die Hände aufgelegt – und die Nanni, schon aufgegeben vom Doktor Kittel aus Schumburg, von den Geschwistern, den Eltern: die Nanni, zusehends frischer werdend mit jedem Mal, die Nanni hat ihn erkannt. »Ach Stephan, ich hab doch gewusst, dass du wiederkommst.«

Über Nacht hat das Fieber nachgelassen, der Atem der Kranken hat sich beruhigt, die Farbe des Lebens kehrte ihr in die Stirn zurück, in die eingefallenen Wangen – bis sie zuletzt geheilt war vom gelben Fieber.

Im Jahr danach ist sie Stephans Frau geworden, der Pfarrer von Schumburg hat sie getraut, im Beisein vom alten Kittel. Ihm hatte Stephan sich nach der Rückkehr anvertraut. Und Kittel? Er habe recht getan, wiederholte er wörtlich, was schon der Unsichtbare im Wind geraunt hatte, im Gebirge droben: Am Anfang der Liebe zu allen Menschen stehe die Nächstenliebe, dies möge er nie vergessen! – zeit seines Lebens, zeit seines ärztlichen Wirkens nicht.

Glasers Stephan ist noch ein paar Jahre in Schumburg geblieben, als Kittels Gehilfe; später ist er dann selbst ein berühmter Arzt geworden. Indessen, und dies ist das eigentlich Wunderbarliche, das Erzählenswerte an dieser Geschichte: nicht nur der armen Nanni hat er zu helfen vermocht; auch vielen anderen kranken und bresthaften Leuten hat er Genesung verschaffen können, zumindest Linderung.

Er hat ihnen einfach die Hände aufgelegt, seine beiden, im Brunnenwasser genetzten Hände – und häufig, nicht immer zwar, war den Patienten damit geholfen. Bald hieß es, er habe goldene Hände, der Doktor Glaser. Und goldene Hände, die hatte er in der Tat, obgleich er sich keine goldene Nase damit verdient hat, wie es manch anderer seiner Herren Kollegen an seiner Stelle getan hätte. Auch dies sollte nicht verschwiegen sein, wo von Glasers Stephan aus Nieder Langenau in der Nähe von Hohenelbe und von der schönen Nanni die Rede ist.

Die wundertätige Weißwurzel

Noch heute finden sich in den Höhenlagen des Riesengebirges seltene Pflanzen, wie man sie sonst wo in den Gebirgen Mitteleuropas vergeblich suchen wird. Manchen von ihnen sagte man heilsame Kräfte nach, sei es zum Schutz vor Krankheiten und Gebresten, sei es zu deren Linderung. Von jeher ist Rübezahls Reich von Kräuterweibern und Wurzelgräbern durchstreift worden, die zu gewissen Zeiten die Blätter und Blüten, die Stängel, Früchte, Samen und Wurzeln solcher Gewächse sammelten und zu Tal trugen, um sie bei Ärzten und Apothekern feilzubieten. Im schlesischen Krummhübel hatten sich findige Köpfe drauf verlegt, die Kräuter und Wurzeln des Riesengebirges an Ort und Stelle zu heilsamen Elixieren, Pillen und Pülverchen zu verarbeiten: auf dem Küchenherd, in der Dachkammer. Die Krummhübler Laboranten, wie sie genannt wurden, bildeten bis zur Mitte des 19. Jahrhunderts eine eigene Zunft.

Einer der Laboranten, Herr Daniel Fürchtegott Patzschke, auch Pillen-Patzschke genannt, stand wegen seiner rüden Geschäftstüchtigkeit in bösem Verruf. Den Wurzelmännern und Kräuterweibern zahlte er für die Ausbeute ihrer Streifzüge bestenfalls einen Hungerlohn – und auch den nur, wie er betonte, aus schierer Barmherzigkeit.

Da kam eines Abends, mit einer Miene, als sei ihr der heilige Geist erschienen, die Kräuterjule aus Giehrsdorf zu ihm – und was kramte sie aus dem Korb hervor? »Du wirst's nicht erraten, Patzschke, was ich dir da zu bieten habe ...«

»Nu, was wohl?«

Die Jule zwinkerte mit dem linken Auge. Dies da – sie ließ sich gehörig Zeit mit der Antwort – dies, was sie Patzschken da auf den Tisch lege, neben die Apothekerwaage: dies sei die wahre, die wundertätige Weißwurzel! Jene, die niemand bisher hatte finden können!

»Dummes Zeug!«, widersprach ihr der Laborant. »Wie willst du mir das beweisen, Jule?«

»Ganz einfach, Herr Patzschke. Habt Ihr nicht Schmerzen im linken Ohr, schon seit Langem? Nu seht mal – sobald ich Euch hinterm Ohr mit der Wurzel antupfen tu, sind sie weg!«

Wahrhaftig, die Schmerzen, die ihn seit vielen Wochen gequält hatten: kaum dass die Jule ihn mit der Wurzel betupft hatte, an besagter Stelle – sie waren wie weggeblasen!

»Mein Gott!«, staunte Pillen-Patzschke. »Die wahre, die wundertätige Weißwurzel! Woher hast du sie?«

»Nu – woher denn wohl? Aus'm Gebirge, woher denn sonst?«

Und zwar, so verriet die Jule dem Laboranten, sei sie weit droben gewesen, an jener Stelle, die manche Leute den Teufelsgrund, andere auch den Kräutergarten des Herrn der Berge nennen. Dort habe sie nachgegraben mit ihrem Grabscheit – und plötzlich sei sie auf diese weißliche, in sich

selber verdrehte Wurzel gestoßen. Im nächsten Augenblick habe sie jemand angerufen, mit barscher Stimme, was sie wohl hier zu suchen habe ...

»Und?«, fragte Patzschke begierig.

Nu, was denn wohl? Wie sie aufblickte, sei da ein riesiger Mann hinter ihr gestanden, der habe sie unter erschrecklich gerunzelten Brauen angestarrt, glühenden Blickes, dass es ihr heiß und kalt übern Buckel gelaufen sei, rauf und runter im Wechsel.

»Etwa der Rübezahl?«, meinte Patzschke.

Sie werde sich hüten den Namen auch bloß zu denken, meinte die Jule. Jedenfalls wolle er ihr nichts nachtragen, habe der Mann sich vernehmen lassen: dies eine Mal sei die wahre, die wundertätige Weißwurzel ihr vergönnt – doch wehe, falls sie ein zweites Mal sich getrauen sollte hier oben danach zu graben! Und noch eins habe der Riesenhafte ihr aufgetragen, sie dürfe die Weißwurzel unter fünfzig Talern nicht hergeben, weder bei Patzschke, dem alten Halsabschneider, noch sonst wo.

Pillen-Patzschke, wohl wissend, dass ihm die wundertätige Wurzel ein Vielfaches eintragen würde, zu Pillen, zu Pulvern, zu Salben und Elixieren verarbeitet, war ein alter Fuchs. »Die Hälfte kriegste als Anzahlung«, schlug er der Jule vor. »Den Rest bekommste, sobald ich die Wurzel erprobt habe – denn wer bürgt mir dafür, dass es wirklich die echte, die wundertätige ist.«

Keine drei Wochen benötigte Patzschke, dann war er sich seiner Sache sicher. Die Arzneien, von ihm aus der wahren, der wundertätigen Wurzel aus Rübezahls Kräutergarten bereitet: im weiten Umland rissen sich Ärzte und Kranke darum. Was für ein Glück, dass die Jule sie ihm ins Haus gebracht hatte! Und es sollte, es durfte dabei nicht bleiben …

Patzschke ließ sich die Jule kommen, er zahlte ihr ohne Umschweif das restliche Geld auf den Tisch. Und falls sie gewillt sei noch mehr zu verdienen, dann hätte er einen Vorschlag. Sie brauche ihm bloß eine weitere solche Wurzel zu bringen, besser noch zwei oder drei – dann habe sie ausgesorgt für den Rest ihrer Tage, das könne sie schriftlich kriegen, mit Brief und Siegel.

Es schien, dass Patzschke es diesmal ehrlich meinte. Schon zog er ein Blatt Papier aus der Lade, schon griff er zu Feder und Tinte. Die Jule indessen wollte nichts wissen von seinem Angebot. Und wenn er ihr goldene Berge verspräche, ein zweites Mal werde sie jene Stelle dort oben nicht aufsuchen, da sei Gott vor!

»Nu ja«, meinte Pillen-Patzschke mit einem Achselzucken, ihm war ein Gedanke gekommen.

Gleich anderntags brach er selbst ins Gebirge auf, ausgerüstet mit Korb und Grabscheit und allem, was sonst vonnöten war: einer guten Wegzehrung, einem Wettermantel und einem Wanderstecken. In den Teichbauden fragte er nach dem Weg zu Rübezahls Kräutergarten. Der Baudenwirt warnte ihn: Dies sei ein höchst verrufener Ort, den man tunlichst meiden sollte.

»Ach was!«, widersprach ihm Patzschke. »Wer mir den Weg weist, dem zahle ich einen halben Taler.«

Der Baudenwirt wollte sich nicht drauf einlassen; anders sein Sohn, ein Lümmel von sechzehn Jahren. »Erst gib mir den halben Taler, Fremder – dann führ ich dich hin.«

Es sei eines schönen, friedlichen Mittags im Sommer gewesen. Kein Wölkchen am Himmel, kein Windhauch, alles ganz ruhig und still: fürs Erste und Zweite jedenfalls. Hernach aber, um die vierte Nachmittagsstunde, da habe sich von der böhmischen Seite her eine Wetterwand über den Kamm emporgeschoben, von einem Augenblick auf den andern: schwefelfarben, mit schwarzen, von weißen Streifen gesäumten Rändern. Das habe nichts Gutes bedeuten können, nein, ganz gewiss nicht!

Dann ein gewaltiger Blitz, ein gewaltiger Donnerschlag im Gebirge droben. Nur einer, doch in den Teichbauden seien von diesem einen Donner zwei Fensterscheiben zu Bruch gegangen. Die Wände hätten gewackelt, der Dachstuhl habe gebebt. Solch einen Donnerschlag gab es bloß alle zehn Jahre einmal, sparsam gerechnet.

Man wird sich schon denken können, wem das Gewitter aus welchem Grunde gegolten hat. Der Baudenlümmel, von Pillen-Patzschke am Rande des Kräutergartens zurückgelassen, ist mit dem Schrecken davongekommen, bloß dass er seither gestottert hat. Und Patzschke selber? Wie es die Kräuterjule befürchtet hatte, so war es ihm widerfahren. Der Berggeist lässt eben nicht mit sich spaßen, er hat seine Drohung wahr gemacht.

»Ach, die Gier!« Das war alles, was sie dazu zu sagen wusste, die Kräuterjule. »Die Gier hat ihn umgebracht!« Und fortan hat sie am Tage des Unglücks jahraus, jahrein für den armen Herrn Patzschke ein Kerzenlicht angezündet – auf dass Gott seiner Seele gnädig sei.

Perlicke-perlacke

Um das Jahr 1800 galt die Stadt Hirschberg als Hauptsitz des schlesischen »Gebirgsleinen- und Schleyerhandels«. Damals musste die Ware noch mühsam von Hand gewebt werden. Im Riesengebirge, namentlich drüben im Schlesischen, hat es ganze Dörfer gegeben, da klapperte fast in jedem Häusel ein Webstuhl. Wer sich vom Leineweben ernähren musste, gehörte wohl zu den ärmsten Schluckern im ganzen Land. Umso reicher wurden die Herren Kaufleute, die den Webern das Garn für die Webe vorstreckten – um ihnen für die fertige Ware hernach einen Hungerlohn zu bezahlen. Auch der Herr Anton Zwölfer, der in Schmiedeberg einen regen Handel mit Leinwand und feinen Tuchen betrieb, stand den Hirschberger Handelsleuten um nichts nach. Sein Profit ging ihm über alles, einerlei wie er zustande kam. Hauptsache, dass sich die Kassa füllte.

Vier Leineweber aus Kunzendorf waren, beladen mit ihrer Webe, hinuntergewandert nach Schmiedeberg, zum Herrn Zwölfer: der Kniesche-Robert, der Krusche-Franz, Kneitschels Seff und der Knittel-Karl. Drei Stunden hatten sie für den Hinweg gebraucht, drei weitere hatte Zwölfer sie draußen warten lassen vor dem Kontor; da sind sie schon ziemlich mürbe gewesen. Und wie er dann endlich zu ihnen herauskam und sich die Ware vorzeigen ließ, da hat er bloß das Gesicht verzogen.

»Mir tut's wohl was vormachen?«, hat er die viere angeraunzt. »Nennt ihr das eine gute Leinwand? Dagegen ist Sackleinen ja die schiere Seide!«

Nun hätten sie drauf erwidern können, so schlecht sei die Ware hinwiederum auch nicht; und fühle sie sich ein bissel gröber als sonst an, so liege das nicht an ihnen und ihrer Sorgfalt, sondern wohl eher an ihm, dem Herrn Zwölfer, weil er am Garn habe sparen wollen, das diesmal besonders derb und besonders spleißig gewesen sei. Doch selbst Kniesches Robert, ansonsten nicht auf den Mund gefallen, schluckte die Widerrede hinunter, denn große Hansen sind äußerst heikel, wenn kleine Leute es wagen, ihnen die Meinung zu sagen.

»Ich hätte nicht übel Lust, euch mitsamt eurer schlechten Ware wieder nach Hause zu schicken«, fuhr der Herr Zwölfer sie an. »Aber da ich bekanntermaßen kein Unmensch bin, werde ich sie euch dennoch abnehmen, selbst wenn ich dabei draufzahle. Allerdings muss ich euch einen halben Kreuzer pro Elle abziehen, gegenüber dem Lohn vom letzten Mal.«

Da standen sie nun mit hängenden Köpfen da, die viere; ein halber Kreuzer pro Elle weniger – das war schlimm bei dem sonst schon üblichen kargen Entgelt für die Arbeit am Webstuhl.

Was aber blieb ihnen übrig, als Ja und Amen zu sagen, wo es ums tägliche bissel Brot für die Kinder, ums Mehl in die Suppe ging?

Finster blickend nahmen sie die verkürzte Bezahlung entgegen, noch finsterer blickend als sonst verließen sie diesmal das Städtchen Schmiedeberg und trotteten heimzu. Wie sollten sie's ihren Weibern beibringen, dass der Herr Zwölfer sie heute so schlecht entlohnt hatte für die Leinwand?

»Sie werden halt denken, dass wir den fehlenden Lohn versoffen haben«, knurrte der Kneitschel-Seff.

»Das werden sie ganz gewiss denken«, pflichtete Kniesches Robert ihm bei. »Ich kenn sie doch, meine Alte – die wird mir das niemals abnehmen, dass ich diesmal so wenig nach Hause bringe.«

Die Dämmerung war hereingebrochen, das Licht aus den Fenstern der Schenke »Zum letzten Pfennig« schimmerte ihnen entgegen.

Wie lang war es her, dass die viere sich dort auf dem Heimweg ein Krügel Warmbier geleistet hatten? Schon wussten sie kaum noch, wie Warmbier schmeckte.

»Und wenn wir es einmal wieder probieren möchten?« Kneitschel sprach aus, was sie alle beim Anblick der Lichter dachten – jeder für sich und insgeheim.

»Dann probiert's doch! Ich tu euch einladen, alle viere – jeden von euch auf ein Krügel!«

Ein Fremder hatte sich ihnen zugesellt, gleichen Weges mit ihnen, zausbärtig, hoher Filzhut, der Umhang aus grobem Loden. Mag sein ein Holzknecht, mag sein ein Kräutermann. Mag sein auch was Besseres.

Sie hockten sich an den Schanktisch, das Warmbier löste den Leinewebern die Zunge.

»Einmal wenn wir's ihm möchten heimzahlen können, dem Zwölfer! Dem Hundskerl, dem elenden!«, schimpfte Kneitschels Seff. »Ein einziges Mal nur!«, rief Kniesche-Robert; und Krusche, die Faust auf den Tisch hauend, fügte hinzu, man müsste sich halt was einfallen lassen – fragt sich bloß was …

»Das lass du nur meine Sorge sein«, brummte der Zausbart. »An Einfällen hat mir's noch nie gemangelt, noch niemals nicht.«

Er spendierte den vieren noch eine Runde Warmbier, dann zählte er jedem von ihnen den vom Herrn Zwölfer einbehaltenen Webelohn auf den Tisch: »Damit eure Weiber euch nicht beargwöhnen tun, wenn ihr heimkommt und möchtet womöglich nach Warmbier riechen …« Hierauf, bevor noch der Wirt die nächste Runde kredenzt hatte, war der Zausbart verschwunden – so rasch, dass die viere ihm nicht einmal danken konnten.

Tags darauf beschloss der Herr Zwölfer nach Braunau in Böhmen zu fahren, um einen seiner Geschäftsfreunde aufzusuchen.

Er ließ seinen leichten Pritschwagen anschirren, zweispännig, den er eigenhändig kutschierte, auf sicherer Straße zum Liebauer Sattel hinauf. Oftmals schon war er die Strecke gefahren, er kannte sie wie im Schlaf, die Braunen so gut wie er.

Auf halber Höhe begann es sich einzunebeln, nicht ungewöhnlich bei dieser Jahreszeit. Bloß dass der Nebel diesmal so dicht war wie selten und dass sich das Licht des Tages verfinsterte, gleichsam als bräche am hellen Mittag die Nacht herein.

Ängstlich schnoben die Braunen, sie blähten die Nüstern, sie ließen sich nicht mehr zügeln und gingen durch, über Stock und Stein.

Plötzlich ein heftiges Schwanken, ein dumpfes Krachen, als möchte die Erde erbeben – und rums dich!, war der Herr Zwölfer neben dem Fahrweg gelandet: Der Pritschwagen steckte bis an die rechte Hinterachse im tiefsten Morast.

Wie da herauskommen?

Zwölfern blieb wenig Zeit sich darüber Gedanken zu machen. Ein Wolkenbruch ging hernieder auf ihn, eine wahre Sintflut. Was für ein Glück, dass unweit von ihm die Umrisse eines Häusels sich ausmachen ließen. Zwölfer lief darauf zu, er begehrte Schutz.

»Kannst du haben, Zwölfer.« Ein Zausbart gewährte ihm Einlass unter das windschiefe Dach, in die stickige Luft einer niedrigen Stube.

Ein Webstuhl nahm nahezu deren Hälfte ein, der Stuhl eines Leinewebers: aus Holz gezimmert, mit Garn bespannt, einem überaus groben und spleißigen Garn, nebenbei bemerkt. Auf der Webebank hockte Krusches Franz, oder war es der Kneitschel-Seff?

Wer auch immer: Er hockte mit krummem Buckel im Webstuhl und mit den Füßen die Tritthebel tretend und gegentretend, ließ er die beiden Rahmen, an denen die Kettfäden befestigt waren, sich abwechselnd heben und wieder senken, wobei er den Schussfaden, der aus dem hölzernen Weberschiffchen sich abspulte, bald von rechts, bald von links durch die Kette hindurchschlug, von Zeit zu Zeit das Geflecht mit dem Webebaum kräftig zu sich heranschiebend, um es dicht zu machen und zu verfestigen. Diese Arbeit geschah im festen Takt unter lautem Geklapper, von Anschlag zu Anschlag.

»Ich nehme doch an, dass du weißt, wie Leinwand gewebt wird, Zwölfer«, meinte der Zausbart. »Sicherlich hörst und verstehst du auch, was der Webstuhl sagt …« Und als Zwölfer sich unwissend stellte, sprach Jener zum Klippen und Klappen des Stuhles, von dem die Stube erfüllt war, den alten Weberspruch:

»Perlicke-perlacke,
Die Not im Genacke,
Tagein und tagaus,
Die Not bleibt im Haus.«

Zwölfern begann es unbehaglich zu werden unter der Weste – erst recht auf die Frage des Zausbarts hin, ob er nicht selber sich einmal als Leineweber versuchen möchte? Bloß der Erfahrung halber, wie lange sich's hinweben tut, bis ein Groschen verdient sei, ein einziger Groschen bloß.

Der Händler musste sich fügen.

Selbst wenn er sich hätte weigern wollen, er wäre dazu nicht imstande gewesen, nicht gegen den Zausbart und dessen herrischen Blick.

»Nu, wird's bald? Geh an die Arbeit, Zwölfer! Und tu eine gute Leinwand weben, das sag ich dir – sonst zwack ich es dir vom Lohn ab, pro Elle mindestens einen halben Kreuzer!«

Zwölfer fühlte sich in den Webstuhl gedrängt, auf die Bank, wo zuvor doch Krusche gehockt hatte, oder wer sonst es gewesen war: jetzt aber war sie leer.

»Nu, los doch, los doch!«, drängte der Zausbart. »Perlicke-perlacke, das Weberschiff will geschlagen sein. Immer los doch! Hier kommst du nicht eher weg, als bis du dir deinen Groschen verdient hast – bloß einen nackten Groschen!«

Es war eine harte Lehre für den Herrn Zwölfer aus Schmiedeberg, wie er nun auf der schmalen hölzernen

Bank hockte und drauflosweben musste: abwechselnd mit den Füßen die Tritthebel tretend und gegentretend, die Kette hebend, die Kette senkend, und mit Perlicke-perlacke den Durchschuss von rechts nach links schlagend und von links nach rechts.

Bald schon war er in Schweiß gebadet, bald schon vermeinte er, jeden Augenblick werde das Kreuz ihm wegbrechen, müssten die Arme, die Beine den Dienst ihm versagen.

»Weiter!« Der Zausbart blieb unerbittlich. »Perlicke-perlacke, Zwölfer, noch längst hast du keinen Viertelsgroschen herausgewebt! Und tu mir gefälligst nicht einschlafen bei der Arbeit!« Im Takt schlug er mit der Faust auf den Rahmen des Webstuhls und ließ seine Stimme dröhnen:

»Perlicke-perlacke,
Jetzt sitz ich dir im Genacke,
Und willst du nach Haus,
Dann web deinen Groschen heraus!«

Noch lange hat der Herr Zwölfer schuften müssen, bis zur Erschöpfung hat er sich abgerackert im Webstuhl. Ob er den vollen Groschen geschafft hat – darüber gehen die Meinungen auseinander.

Fest steht nur so viel: am anderen Morgen hätten die beiden Braunen ihn auf dem Pritschwagen vor der Haustür in Schmiedeberg wieder abgeliefert. Mehr tot als lebendig sei er gewesen, der reiche Herr Zwölfer, hoch fiebernd habe er tagelang wirres Zeug geredet. »Perlicke-perlacke!« – dies Wortpaar sei immer wieder herauszuhören gewesen aus seinem Geröchel, wobei es im Takt den Kopf ihm nach rechts

und nach links gerissen habe: »Perlicke-perlacke« und irgendwas von »Genacke«.

Endlich vom Fieber genesen, sei der Herr Zwölfer dann wie verwandelt gewesen: noch immer ein guter Kaufmann in Leinwand und Schleiern zwar, jedoch ohne Habgier und Härte in seinem Gebaren den Leinewebern und Tuchmachern gegenüber, die er doch vormals ohne Erbarmen geschröpft und am Lohn verkürzt hatte, wo er nur konnte.

Wie es dazu gekommen war, hat sich niemand so recht erklären können, weder in Schmiedeberg noch in den Weberdörfern. Bloß Kniesche-Robert und Kneitschels Seff, Krusche-Franz und der Knittel-Karl, die viere haben da einen gewissen Verdacht gehabt – wir werden uns denken können, in welcher Hinsicht.

Zum Paschen geboren

Anderswo werden sie Schmuggler, auch Schwärzer genannt: im Iser- und Riesengebirge hießen sie Pascher. Gepascht wurde zwischen den Ländern Böhmen und Schlesien in beiden Richtungen. Manchmal war in Böhmen das Salz um ein paar Kreuzer billiger, manchmal der Kaffee draußen im Preußischen. Große Gewinne ließen sich bei der Pascherei nicht erzielen, man betrieb sie als Nebenverdienst. Wer das Pech hatte, von den Finanzern mit Schmuggelware erwischt zu werden, der musste für ein paar Wochen ins Loch. Zwischen den Beamten der Finanzwache und den Paschern bestand grimmige Feindschaft. Trafen sie aufeinander, so gab es fast immer blutige Köpfe auf beiden Seiten.

Gottlieb Ehrenfried Peuckert, im schlesischen Hermsdorf nur Peuckerts Gottla gerufen, hätte mitsamt der Familie von den Erträgnissen seiner Landwirtschaft auskömmlich leben können: doch nein, er musste zudem noch paschen gehn, und dies aus dem einfachen Grunde, weil er zum Paschen geboren war, wie er behauptete. Mindestens zweimal im Monat schwärzte er sich das Gesicht mit Ofenruß, um nächtens mit voller Hucke und ein paar Freunden hinüber nach Schatzlar in Böhmen zu schleichen – und dann, in der nächsten Nacht, mit der drüben erstandenen Ware wieder zurück nach Hermsdorf. Ein paarmal schon war die Finanzwache ihnen gefährlich nah auf den Pelz gerückt, doch hatten sie immer Glück gehabt, Pascherglück: plötzlicher Nebel, ein Platzregen, Schneegestöber.

Zweimal nur hatte Peuckerts Gottla die Hucke wegschmeißen müssen, rechtzeitig: denn wie möchten wohl die Finanzer ihn, bitt schön, ohne beim Mann befindlicher Ware festnehmen und ins Loch stecken können?

»Gottla!«, hatte dem Peuckert Gottla aus Hermsdorf sein Weib, die Frieda, schon oftmals zu ihm gesagt und sie sagte es immer wieder. »Wie lange noch willst du die Gnade Gottes herausfordern? Einmal wird man dich doch erwischen und einlochen. Nimm Vernunft an, hör endlich auf damit!«

»Dummes Zeug!«, brummte Peuckerts Gottla. »Lass mich zufrieden, Alte, davon verstehste nischt.«

Ob solcher Reden hat Peuckerts Frieda regelmäßig mit allem Nachdruck den Kopf geschüttelt und mit erhobenen Armen ausgerufen: »Nee, Peukert! Nee, sag ich – nee und dreimal nee!«

Der Gottla hat ihren Widerspruch in den Wind geschlagen. Ein richtiger, ein zum Paschen geborener Pascher, pascht weiter, solang er imstande ist seine Hucke zu schleppen: hinüber, herüber, aus Hermsdorf ins Böhmische und zurück.

Wenn aber Peuckert beim Paschen war: an wem blieb dann wohl die Arbeit hängen, zu Hause, im Stall, auf den Gründen? Allein an der Frieda, denn irgendwer musste sie schließlich tun. Zum Beispiel bestellt sich ein Ackerfeld nicht von selber. Und ist's an der Zeit, dass geackert wird, und der Gottla ist unterwegs mit der Hucke – wer führt dann den Pflug?

Es war Frühling geworden, das Haberfeld an der oberen Steinrücke wollte bestellt sein, schon morgen konnte das Wetter umschlagen. Peuckerts Ältester führte den Ochsen, die Frieda ging hinterm Pflug. Keine leichte Arbeit, fürwahr nicht. Und ganz und gar keine Arbeit für eine Frau. Ackern und rackern, so heißt es ja nicht umsonst, läuft aufs Gleiche hinaus.

Wie nun die Frieda so hinterm Pflug geht, den Rücken gekrümmt, die Hände voll Schwielen, im Schweiß ihres Angesichtes Furche um Furche ziehend, da muss sie an ihren Mann denken. Und sie denkt nicht besonders freundlich an ihn. Wenn sie ihm bloß die Pascherei möchte austreiben können, was wollte sie darum geben! Aber das schafft sie nicht.

Denkt sie. Und wie sie es kaum gedacht hat, kommt unversehens ein Mönch des Weges: einer von jenen zottigen Wandermönchen in grober Kutte, wie sie sich auf den Dörfern durchbetteln. Hoch gewachsen ist er, mit breiten Schultern und barfuß; Haar und Bart, soweit die Kapuze sie nicht verbirgt, sind von rötlichen Fäden durchzogen. Er bleibt an der Steinrücke stehen, er schaut zu der Frieda und ihrem Jungen herüber.

»Was gibt's da zu glotzen?« Ärgerlich bläst die Peuckert'sche sich das Haar aus der Stirn.

»Nu – was wohl, Schwester? Haste denn keinen Mann im Haus für die Rackerei? Ist er krank oder tot – oder ist er dir abgerückt?«

»Keins von alledem«, sagt die Frieda. »Mein Gottla, ganz im Vertrauen, der ist beim Paschen.«

»Ja so – beim Paschen?« Der Mönch hat die Frieda verstanden. »Und?«, fragt er sie. »Ist dagegen kein Kraut gewachsen?«

»Keins«, sagt die Frieda. »Schon hundertmal hab ich versucht ihm die Pascherei auszureden. Und hundertmal ist's umsonst gewesen.«

»Dann musst du dir eben Hilfe suchen!« Der Wandermönch in der groben Kutte deutet zur Höhe des Liebauer Sattels hinauf. »Probier's doch, zur Abwechslung, mal mit dem dort …«

»Mit dem – Rübezahl?«, meint die Frieda zweifelnd. »Selbst dem wird das nicht gelingen.«

»Tu's abwarten, Schwester.« Damit entfernt sich der Wandermönch, langsam folgt er dem Weg zum Liebauer Sattel hinauf, ohne erkennbare Hast und Eile.

Und die Frieda? »Ach, wenn du mir lieber beim Pflügen geholfen hättest!«, ruft sie dem Mönch hinterdrein. Im Schweiß des Angesichts pflügt sie die restlichen Furchen ab, dann kehrt sie nach Hause zurück. Der Junge versorgt den Ochsen, sie füttert und melkt die Ziegen, dann kocht sie den Kindern die Abendgrütze. Was sein muss, muss sein.

Währenddessen hat Peuckert sich drüben in Schatzlar die Hucke aufs Neue voll packen lassen, mit Kandiszucker und Salz. Eine schwere Hucke, fast bricht sie dem Gottla das Kreuz ab. Nu ja, nu ja – Hauptsache, dass er sie wohlbehalten nach Hause bringt!

Bei Anbruch der Dunkelheit schwärzt er sich Stirn und Wangen, dann tritt er mit seinen Kumpanen den Rückweg an. Es ist eine Neumondnacht, die erste nach Ostern. Der Himmel ist über und über von dichtem Gewölk bedeckt, besser könnten sie's gar nicht haben. Doch plötzlich, aus allem Dunkel, aus aller Schwärze, ein Anruf: »Halt, stehn bleiben – oder es wird geschossen!« Hundegebell, das Knacken von Flintenschlössern. »Zum zweiten, zum dritten und letzten Mal: Stehn geblieben und Hände hoch!«

Peuckerts Gottla aus Hermsdorf will schon die Hucke wegschmeißen, schon die Hände über den Kopf heben, da beginnt es zu blitzen, zu donnern, in dichten Flocken beginnt es zu schneien, so dicht es nur schneien kann.

Das ist nicht das Wetter, dass man die Hucke wegschmeißt und stehn bleibt. Schon gar nicht für Peuckerts Gottla! Er zieht den Kopf ein, er rennt mit der Hucke davon. Nischt wie weg da, nischt wie nach Hause!

Aber die Hunde folgen ihm nach, unter Bellen und Kläffen. Verdammte Köter, nicht abzuschütteln! Da hilft ihm kein Kreuz-, kein Quersprung, die Biester bleiben ihm auf den Fersen. Haff-haff! – schon sind sie ganz nahe, gleich werden sie nach ihm schnappen – da wird er von einer Faust im Nacken gepackt und herumgerissen.

Ein Finanzer hat ihn gestellt! Doch nein, im Flackern des nächsten Blitzes erkennt er: Das ist ein Mönch, der ihn da am Kragen hält! Hoch gewachsen, mit breiten Schultern, die Augen wie glühende Kohlen.

»Wie oft noch, Peuckert, soll deine Frieda sich auf dem Acker abrackern, weil du beim Paschen bist?«, fragt der Mönch ihn mit furchtbarer Stimme, dem Gottla gerinnt das Blut in den Adern. »Also, wie oft noch? Antworte!«

»Nimmermehr!« Der geborene Pascher schlottert vor Angst. »Nie und nimmermehr!«

»Und das schwörst du mir?«

»Ja«, sagt der Gottla, die Schwurhand zum Himmel reckend. »Das schwör ich bei meiner Seele Seligkeit.«

»Dann mach, dass du heimkommst mit deiner Ware!«

Peuckerts Gottla – das hören und nichts wie mit seiner Hucke davon! Der Mönch und die Hunde blieben zurück, das Wetter kam wieder zur Ruhe; nicht lange, so tauchten im Talgrund die Lichter von Hermsdorf auf.

Rasch schlupfte Peuckert ins Haus, jetzt war er in Sicherheit! Hinter der Bodenstiege warf er die Hucke ab – dabei gab es ihm einen grässlichen Riss im Kreuz: es fehlte nicht viel und er hätte den Stand verloren. »O jemmersch!«, stöhnte er, sich den Rücken reibend. »O jemmerschnee!«

»Siehste«, meinte die Frieda ungerührt. »Das haste nun von der dreimal verpuchten Pascherei! Wenn schon Kreuzweh, dann lieber ein ehrliches, das vom Ackern und Rackern kommt ...«

Vom Ackern und Rackern bekam der Gottla bloß anfangs Kreuzweh, das legte sich mit der Zeit. Sobald er jedoch, was vorkam, wieder einmal die Lust verspürte zum Paschen zu gehen, sich das Gesicht schwärzte und die Hucke sich auf den Rücken schwang – rums dich!, da schlug es ihm wie der feurige Blitz ins Kreuz, dass er meinte, die himmlischen Heerscharen singen zu hören.

Und da er zwar ein geborener Pascher, aber kein dummer Mensch war, so hat er dann schließlich, obzwar es ihm wider den Strich ging, die Pascherei ein für alle Mal aufgegeben, was nur zu begrüßen ist.

Jetzt und in der Stunde

Das Leben war rau und schwer für die Menschen im Riesengebirge. Solange man jung und bei guter Gesundheit war, ließ sich das noch ertragen; wenn aber erst der Buckel krumm wurde mit den Jahren, wenn es im Kreuz schmerzte, wenn die Beine knickrig geworden waren, von allen andern Beschwernissen abgesehen – dann wurde die Mühsal groß, besonders zur Winterszeit. Manches Vaterle, manches alte Mutterle musste dann wochenlang in der Stube hocken, den Rücken am Ofen, die Hände im Schoß gefaltet: kein Arzt zu erreichen, kein Seelsorger aus dem Tal, das war schon ein rechter Jammer.

Auf der Wossekerbaude nahe dem Reifträger, auf der Grenzwiese unterm Quargstein hausten die Kühnelt-Leute. Noch lebte die Großmutter damals, die alte Kühnelt'sche, eine kleine verhutzelte Frau um die Mitte siebzig. Ihr Leben lang hatte sie brav geschuftet in Haus und Stall, nun ging es mit ihr allmählich aufs Ende zu. Schwer zu sagen, wovon sie ärger geplagt war, vom Gliederreißen, vom Zittern in Händen und Füßen oder vom Husten. Das Frühjahr, meinte sie, werde sie kaum noch erleben; je eher sie möchte sterben dürfen, desto besser für sie. Bloß am geistlichen Beistand, da möchte ihr halt in der Abschiedsstunde gelegen sein, vom ganzen Herzen, von ganzer Seele.

Wie es dann schließlich so weit gekommen war mit der alten Kühnelt'schen, ist es hoher Winter gewesen. Der Schneesturm hat um die Baude getobt, in wilden Stößen hat er sich gegen die Tür geworfen, er hat an den Fenstern gerüttelt, das ganze Haus war von dumpfem Getöse erfüllt – gerade noch, dass das Dach und die holzgezimmerten Wände standhielten.

Die alte Kühnelt'sche, bleich und hüstelnd im Lehnstuhl sitzend, den sie ihr in den Winkel neben dem Ofen gerückt hatten, das Gesicht zum Hauskreuz, das in der Ecke über dem Esstisch hing – die Kühnelt'sche wusste, dass sie die Nacht wohl kaum überstehen würde.

Kühnelts Gustav, ihr Sohn, mit der Kühnelt-Gustav'schen und den Kindern versuchten ihr beizustehn in der letzten Stunde, so gut sie's vermochten, mit Beten und guten Worten; die Gustav'sche wischte ihr ab und zu den Schweiß von der Stirn, mit dem Schweißtüchel, das sie eigens für diesen frommen Gebrauch vom Herrn Pater Buchelt vergangenen Herbst in Harrachsdorf hatte weihen lassen.

Ob sie denn schon nach ihm, dem Herrn Pater, ausgeschickt hätten, fragte die Alte mühsam.

Ach, Mutterle, meinte der Gustav, das möchte sich schwerlich machen lassen bei diesem Wetter. Zum einen möcht es wohl schier unmöglich sein den geistlichen Herrn zu verständigen; und zum andern: Wie möcht's der Herr Pater wohl schaffen, zu ihnen heraufzukommen, bei solchem Schneesturm? Dies, so erwiderte ihm die Alte, sei ihre Sache nicht; das sei doch wohl ihres Herrn und Heilands Sache, des lieben Herrn Christi Jesu im Himmelreich.

Der Gustav öffnete eine Handbreit die Haustür. Da kam's durch den Spalt hereingeschnoben wie Gottes Zorn, Schneegestöber und Sturmgebraus. Nur mühsam, mit Aufbietung aller Kräfte zwang er die Haustür wieder ins Schloss.

»Ach, Mutterle«, sagte die Kühnelt-Gustav'sche zu der Sterbenden, ihr die Hände streichelnd. »Tu ihn dir aus dem Koppe schlagen, den Pater Buchelt. Der Gustav und ich und die Kinder – wir sind doch bei dir, und wir geben dir das Geleite hinüber in Gottes Frieden. Tu dich loslassen, Mutterle, aus der Welt – tu dich nicht so verzweifelt festkrallen: bloß weil der alte heidnische Wettermacher, der Rübezahl, kein Erbarmen hat.«

Rübezahl? Welch ein Name, der sie da auf dem Sterbelager von fern her erreichte, die Mutter Kühnelt! Der Rübezahl, Schreckensgestalt ihrer Kinderjahre – und letzte Hoffnung jetzt?

»Dann mag er sich doch erbarmen über mich«, so vermeinte die Gustav'sche es aus dem Munde der Sterbenden zu verstehen. »Dann mag er sich doch erbarmen, der große Herr.«

Wenig später, nach dem Bericht der Familie, habe der Sturm sich gelegt, der Schneefall sei abgeflaut; auch habe der Mond sich am Himmel hervorgetan, anfangs von Wolken verschleiert, sodass sie befürchtet hätten, es möchte erneut sich ins Schneien geben, womöglich ins Stöbern.

Indessen blieb alles stille draußen, verdächtig stille und mondhell. Bis dann, mit einem Mal, Schellen sich hätten hören lassen, vom Tal herauf, Schlittenglocken.

Die alte Kühnelt'sche, obgleich schwer von Gehör seit Jahren, muss das Geläut als Erste vernommen haben.

»Horcht doch!«, habe sie plötzlich geflüstert, sich in den Kissen aufrichtend. »Sind das nicht Glöckeln von einem Schlitten? Tun da nicht Pferde schnauben? Nu kommt er doch noch, der Pater Buchelt!«

»Nur ruhig«, habe die Gustav'sche ihr erwidert. »Nur ruhig, Mutterle ...« Doch habe auch sie nun das Läuten gehört, das rasch näher kam.

Schon ruft draußen der Fuhrmann »Brrr!« – schon verstummen die Glöckchen. Dann poltert es an der Tür, es wird Einlass begehrt. Der Gustav greift zur Laterne und öffnet. Den Türrahmen füllt ein großmächtiger Vierschrot von Kutscher, barhäuptig, Eis in der Mähne, in Brauen und Bart.

»Tut uns reinlassen zu der alten Kühnelt'schen, den Herrn Pater und mich!«, verlangt er. »Es ist der Herr Pater Buchelt von Harrachsdorf.«

Der Herr Pater Buchelt! Nicht der Jüngste mehr, auch der Allerdünnste nicht, schälte sich aus der Schlittendecke, rot im Gesicht vom Fahrtwind, das Allerheiligste wohlgeborgen unterm Talar.

»Nu, dann tu du nur, was sich die Alte von dir erwartet, hochwürdigster Pater und Seelenhirte – und tu es gründlich!«

Der Kutscher – konnte es sein, dass sie drunten in Harrachsdorf einen neuen Mesner hatten? –, er nahm den Priester am Arm und führte ihn an der Kühnelt'schen Sterbelager: Nun möge er seines geistlichen Amtes walten, wie es der Brauch sei.

Ziemlich benommen noch von der atemberaubenden Fahrt durch die Winternacht, trat der Herr Pater Buchelt zur alten Kühnelt'schen hin, das Kreuz schlagend über sie.

Er nahm ihr die heilige Beichte ab, allzu viel wird sie ihm ohnedies nicht zu beichten gehabt haben; und nachdem er sie aller Sünden ledig gesprochen hatte, da hat er sie mit dem geweihten Öl gesalbt und die letzte Wegzehrung ihr gespendet, zum Abschied aus dieser Welt.

Die alte Kühnelt'sche hat einen tiefen Seufzer getan, und dann hat sie Vergeltsgott gesagt und Amen, das haben sie alle gehört, die ihr Sterbelager umstanden. Und hiermit ist sie dahingeschieden, ganz friedlich und still, mit einem Gesicht, als schliefe sie tief und fest, voller Dankbarkeit für ihr langes Leben, erlöst von den Schmerzen, den Kümmernissen des hohen Alters.

Der Gustav hat ihr auf jedes Augenlid einen Kreuzer gelegt, die Gustav'sche hat ihr den Rosenkranz um die gefalteten Hände geschlungen, dann haben sie alle ein Vaterunser für sie gebetet. Der Struppige hat zumindest gesenkten Hauptes die Lippen bewegt, als bete er mit.

Dann hat er den Pater zum Aufbruch gedrängt; es sei an der Zeit, ihn nach Hause zu bringen. Der Gustav hat dem hochwürdigsten Herrn beim Einsteigen in den Schlitten geholfen und in die Decken ihn sorgsam eingehüllt. Der Mesner hat rasch noch der kleinen Rosina was zugesteckt, einen ledernen Beutel: Den soll sie dem Vater geben, als Zubuße zum Begräbnis. Dann hat er sich auf den Bock geschwungen – und hussa!, schon hat er den Schlitten mit dem Herrn Pater ins Tal kutschiert, dass es vom bloßen Nachsehn den Kühnelt-Gustav'schen richtig schwindlig geworden ist.

Tags darauf kam ein strahlender Morgen über den Kamm des Gebirges empor, blau und golden, von solcher Pracht, wie es der Gustav sein Lebtag noch nicht erlebt

hatte, auch die Gustav'sche nicht. Das Wetter blieb kalt und windstill. Da haben sie dann den Sarg mit der alten Kühnelt'schen auf dem Hörnerschlitten hinuntergebracht ins Pfarrdorf. Den Schlitten gesteuert hat Kühnelts Gustav, die Gustav'sche hat an den steilen Stellen gebremst, am Halteseil hintendranhängend, während die Kinder rittlings sich auf dem Sarg der Großmutter aufgereiht hatten, fröhlichen Sinnes die Fahrt genießend.

Drunten dann, beim Herrn Pater Buchelt, haben sie das Begräbnis gleich auf den nächsten Morgen bestellt: Wer konnte denn wissen, wie es sich mit dem Wetter weiterhin anlassen möchte. Ach ja, und dann noch eins!, fügte der Gustav hinzu. Wie sie's dem braven Mesner denn danken könnten, dass er die Fahrt mit dem geistlichen Herrn zu ihnen hinauf gewagt habe, trotz des Schneesturms in gestriger Nacht?

Der Herr Pater schien überrascht: Das sei nicht der Mesner gewesen, jedenfalls seiner nicht; jemand, ein ruppiger struppiger Rotbart, habe ihn wachgerüttelt aus tiefem Schlaf. »Ich komm von der Wossekerbaude, Pater. Tu dich ankleiden, tu dich versehen mit allem, wessen du brauchen tust, um der alten Kühnelt'schen beizustehn, jetzt und – wie heißt es doch? – in der Stunde des Absterbens. Alsdann, du hast mich verstanden, Pater?«

Dies, so der Geistliche, habe er nur zu gut verstanden, wenngleich ihm die Sache erschienen sei wie ein dunkler Traum. Wie im Traume, als hätte er keinen eigenen Willen, habe er jenem Struppigen folgen müssen, der ihn in höchster Eile zur Wossekerbaude hinaufkutschiert habe, gleichsam als gäbe es weder verschneite Gräben noch tückische Felsbrocken auf dem Weg, von den Abgründen ganz zu schweigen, in die sie kopfüber möchten hinabstürzen haben können mitsamt den Pferden … Ob sie ihm denn, die Kühnelt'schen von der Wossekerbaude, den Struppigen nicht geschickt hätten mit dem Schlittengespann?

Kühnelts Gustav hat sich am Kopf gekratzt, die Gustav'sche hinterm Ohr. Wenn sich das so verhalten habe, wie der Herr Pater es sage …

»Dann war es der Rübezahl«, hat die kleine Rosina gesagt. Und man weiß ja, dass Kinder bisweilen die Gabe haben, Bescheid zu wissen, wo großen Leuten der Umstand im Wege steht, dass sie große Leute sind.

Puschmann

Zu meiner Kinderzeit gab es sie schon zu kaufen, in manchen Gebirgsbauden, in den Andenkenläden der größeren Orte am Fuß des Riesengebirges: drollige, kaum drei Spannen hohe Figuren aus Holz, die Rübezahl darstellen sollten. Jeder solche Rübezahl war mit den Schuhsohlen auf einer lackierten Baumscheibe festgeleimt. Er trug einen hohen Hut aus Rinde, Haar und Bart bestanden aus Flachs oder Baumflechten, Jacke und Hose aus grobem Leinen; im unteren Teil, von den Knien abwärts, waren die Hosen mit Rupfenstreifen umwickelt. Der Wanderstock durfte nicht fehlen, ebenso wenig ein Buckelkorb, der mit Laub oder Tannenzapfen gefüllt war. Wer damit angefangen hatte, solche Rübezahl-Manneln herzustellen, ist nicht bekannt. Einer der Ersten dürfte der alte Puschmann gewesen sein.

Der alte Puschmann lebte mit seiner Martha in einem Häusel am Waldrand hinter den Zehgrundbauden, zwischen Fuchsberg und Geiergucke. Ein Leben lang war er ins Holz gegangen, zur Waldarbeit. Vor ein paar Jahren erst hat ihn die Martha zum Aufhören überredet: »Lass gut sein, Puschmann! Mit siebzig brauchst du dich nicht mehr abzurackern im Walde. Was wir haben, das reicht zum Leben.

Jetzt mach dir noch ein paar gute Jahre – und Holzhacken tust du bloß noch zum Zeitvertreib.«

Beim Holzhacken ist es nicht ganz geblieben. Immer schon hatte der alte Puschmann am Feierabend gerne ein bissel herumgeschnitzt und herumgedrechselt. Und als mit der Zeit jene rindenhütigen Rübezahl-Manneln aufkamen, hat sich der Martha ihr Alter am Kopf gekratzt und sich dabei gedacht: Das versuch ich auch einmal!

Den ersten Rübezahl hat er für seine Enkelkinder geschnitzt und ausstaffiert; aber das hat nicht der letzte sein sollen. Die Arbeit hat Puschmann zum einen Spaß gemacht – und zum andern trug sie ihm dann und wann ein paar Kreuzer ein: die konnten sie gut gebrauchen, die Martha und er.

Eines späten sonnigen Herbsttags war Puschmanns Martha nach Petzer hinabgestiegen, um der Familie ihrer Tochter einen Besuch zu machen; morgen wollte sie wieder nach Hause kommen, vielleicht auch erst übermorgen. Puschmann selbst war ins Holz gegangen, um ein paar schöne Rindenstücke zu holen; auch Baumflechten wollte er sich auf Vorrat hinlegen für die Winterszeit; und stieß er auf eine besonders blanke und knorrige Wurzel, dann ließ er auch sie nicht liegen.

Und wie nun der alte Puschmann so durch den Wald streift mit seinem Henkelkorb, da gesellt sich ein Fremder mit langem Bart zu ihm, einem Bart, der nicht grau, sondern eher grünlich war und ins Rote hinüberspielte. Er trug einen spitzen Wetterhut, einen groben Umhang von unbestimmbarer Farbe – und derbe Hosen, die von den Knien abwärts mit Rupfenstreifen umwickelt waren. Schwere Bergschuhe, knorriger Wanderstecken.

Dem alten Puschmann war es, er müsste den Fremden kennen, obzwar er sich nicht entsinnen konnte woher.

»Nu, Puschmann – tust du so spät im Jahre noch Pilze suchen?«

Nu nee, meinte Puschmann. Er suche halt Flechten und Rindenstücke für seine Manneln, die hölzernen Rübezahle.

»Was du nicht sagst!« Der Fremde tat so, als wüsste er nicht, wovon Puschmann sprach.

»Kannst ja mitkommen und sie dir ansehen!«, schlug ihm der Alte vor. »Ich bin ohnedies auf dem Heimweg.«

Zu Hause bot er dem Fremden zunächst einen Schnaps an. Dann zeigte er ihm die kleine Werkstatt neben der Wohnstube. Dort standen sie nebeneinander auf einem Wandbrett, aufgereiht wie Soldaten: ein hölzerner Rübezahl neben dem andern, ein gutes Dutzend etwa. Mit Hüten aus Rinde, mit Bärten aus Werg, die Augenbrauen aus Baumflechten. Derbe Hosen, die Waden mit Rupfenstreifen umwickelt.

»Drollige Manneln, das muss ich zugeben«, brummte der Fremde. »Bloß – wenn ich mir überlegen tu, wen sie vorstellen sollen …« Prüfend richtete er den Blick auf Puschmann. »Und du hast keine Sorge, der Herr des Gebirges könnte dir's übel nehmen, dass du ihn zum Gespött machst? Hölzerne Manneln, mit Rindenhüten und Bärten aus Werg! Glaubst du eigentlich, dass es den Berggeist gibt – oder glaubst du's nicht?«

»Ich halt's nicht für ausgeschlossen, dass es ihn geben tut«, räumte Puschmann ein. Aber nach allem, was man so von ihm höre, lasse sich Rübezahl doch in vielerlei Gestalt sehen – oder? Warum dann nicht manchmal als hölzernes Mannel mit Wanderstecken und Rindenhut?

Zwar werde ihm nachgesagt, dass er launisch sei und nicht zimperlich in der Wahl seiner Strafen, fuhr Puschmann fort. Doch sei er, hinwiederum, auch als guter Lapsch bekannt, der schon manch einem armen Schlucker geholfen habe. Auch er selber sei schließlich ein armer Mann, der sich mit solchen hölzernen Manneln ein wenig hinzuverdiene. Wenn ihm der Rübezahl schon nicht helfen wolle – so werde er ihm doch wenigstens dieserhalb keinen Schaden zufügen …

Der Fremde strich sich den Bart. »Magst recht haben, Puschmann, magst recht haben. Jeder muss zusehen, wie er sich durchbringt in dieser Welt.«

Er brummelte etwas in seinen struppigen Bart, er blickte sich in der Werkstatt um. Schnitzmesser, Geißfüße, Leimtiegel, Stichel.

»Und das hier?« Er zeigte auf eine Spanschachtel voller dunkelfarbener Glasknöpfe, zwischen Erbsen- und Haselnussgröße etwa.

»Die gläsernen Knöppla da?«, meinte Puschmann. »Die tu ich den hölzernen Rübezahlen als Augen einsetzen. Auf der Hütte in Glasersdorf hab ich sie mir besorgt.«

Der Fremde tat einen Griff in die Spanschachtel mit den gläsernen Knöpfen. Gedankenverloren ließ er sie durch die Finger rinnen.

»Die tun sich gut anfühlen, Puschmann. So glatt und so leicht. Wie Perlen tut mir das durch die Finger rinnen, wie edles Gestein, vom Wasser zurechtgeschliffen, tausendmal besser als jede irdische Schleifmühle das zuwege bringt.«

Bei diesen Worten, so Puschmann später zu seiner Martha, habe der Fremde ihn angeblickt wie von drüben, aus einer anderen, weit entlegenen Welt. Und dann sei er, von einem Augenblick auf den andern, verschwunden gewesen – pfft! Wie das plötzlich ausgepustete Licht einer Kerze. Weg und verschwunden.

Man erwarte sich nicht zu viel! Die gläsernen Knöppla in Puschmanns Spanschachtel – nein, sie haben sich nicht in Edelsteine verwandelt, erst recht nicht zu Gold. Doch fortan, wenn der Alte sie seinen Rübezahlmanneln einsetzte, haben sie unter den Augenbrauen aus Flechtenstreifen hervorgefunkelt, als ob sie lebendig seien – mit einem Blick wie von drüben, aus einer anderen, weit entlegenen Welt.

Eine letzte Geschichte

Das Haus am Rübezahlweg

Zwei junge Leute aus Reichenberg hatten sich miteinander verlobt, das ist mitten im letzten Krieg gewesen; zum Heiraten blieb ihnen keine Zeit mehr: der junge Mann geriet als Soldat in russische Kriegsgefangenschaft, die Braut wurde mit ihrer Mutter und den Geschwistern aus Böhmen vertrieben, bloß weil sie Deutsche waren. Fünf Jahre gingen ins Land, bevor sich die beiden wieder fanden, auf einem bayrischen Dorf in der Nähe von Rosenheim. Damals waren sie arme Leute, so arm wie die armen Leute im Märchen. Dennoch haben sie gleich nach dem Wiedersehen geheiratet – was hätten sie sonst wohl tun sollen?

Sie hausten in einem winzigen Zimmer unter dem Dach eines winzigen Hauses, mit schiefen Wänden, mit Möbeln, die ihnen gute Leute geliehen hatten. Der Ofen wurde mit Torf beheizt; es gab Tage, da wussten sie abends nicht, wovon sie am Morgen leben sollten. Aber sie waren jung – und sie hatten sich endlich wieder: Das war die Hauptsache.

Der junge Mann ist dann Lehrer geworden: Schulmeister, wie er sich voller Stolz genannt hat, noch heute nennt. Nun hatten sie immerhin ein gesichertes Auskommen, nicht sehr üppig zwar, jedoch ausreichend.

Später sind sie in eine eigene Wohnung umgezogen, zwei

Zimmer mit Küche und Bad, das war ein gewaltiger Fortschritt für sie, schon wegen der Kinder, die mit der Zeit sich bei ihnen eingestellt hatten: drei kleine Töchter, die rasch heranwuchsen, rascher als es die Eltern sich hätten vorstellen können.

Nebenbei hat der Schulmeister gern Geschichten erzählt, Geschichten für Kinder mit Vorliebe; später hat er sie aufgeschrieben und drucken lassen, das trug ihm ein wenig Zubrot ein – doch war ihm das Zubrot so wichtig nicht wie die Kinder und seine Geschichten.

Anfangs hatten die beiden immerzu Heimweh nach Böhmen, die Schulmeistersfrau und er; das hat sich dann mit den Jahren gelegt und es war wohl auch richtig so. Der Mensch kann nicht immerzu bloß im Rückblick leben, nicht immerzu bloß bejammern, was er verloren hat, was ihm genommen wurde – sei es vom Schicksal, sei es von Menschenhand.

Unser Schulmeister, der Geschichtenerzähler. Der Zufall, sofern man an Zufälle glauben mag, fügte es eines Tages, dass er dem Bürgermeister von Stephanskirchen begegnete, dem Herrn Zehentner. Ob denn, so fragte ihn der Herr Bürgermeister rundheraus: ob der Herr Lehrer nicht etwa Lust hätte auf ein eigenes kleines Haus?

»Ach«, sagte der Schulmeister zum Herrn Bürgermeister. »Sie wissen doch, dass wir kein Geld haben.«

»Geld lässt sich leihen«, hielt der Herr Zehentner ihm entgegen. »Wir hätten von der Gemeinde für Sie ein schönes Grundstück im Ortsteil Haidholzen, nicht allzu groß zwar – aber Sie sollten es sich mal ansehn.«

Der Ortsteil Haidholzen war damals noch eine einzige Wildnis, voller Gestrüpp und Gesträuch; doch gab es bei der

Gemeindeverwaltung für das Gelände bereits einen Plan dafür, wie es bebaut werden sollte; die Grundstücksgrenzen, die Wege, die Straßen, die Straßennamen waren schon eingezeichnet.

»Dies ist der Baugrund, Herr Lehrer, von dem ich gesprochen habe.« Der Bürgermeister wies mit dem Bleistift auf eine bestimmte Stelle des Planes. »Der wäre noch frei für Sie.«

Der Schulmeister wusste nicht, was er sagen sollte; Schulden zu machen hatte er nicht gelernt. Das Grundstück jedoch, das der Bürgermeister ihm auf dem Plan gezeigt hatte, lag – am Rübezahlweg! War das etwa ein Fingerzeig?

Schon vielen Leuten hatte der Herr des Riesengebirges aus unverschuldeter Armut herausgeholfen; gut möglich, dass er auch sie nicht im Stich lassen würde, den Schulmeister und die Seinen, selbst in der Fremde nicht. Also ging der Schulmeister auf Herrn Zehentners Vorschlag ein, er nahm die nötigen Schulden auf und ließ sich auf jenen Baugrund einschreiben: auf den Baugrund am Rübezahlweg in Haidholzen.

Seit dort nun ihr Haus steht, wissen die Schulmeistersleute, dass sie in Bayern zu Hause sind. Dennoch werden sie ihre Kinderheimat niemals vergessen.

Inzwischen sind sie ein paarmal wieder in Böhmen gewesen, nach langer Zeit. Das Wiedersehen mit den vertrauten Stätten im Land ihrer Herkunft war schmerzlich für sie. Schmerzlich war auch das Wiedersehen mit Rübezahls Reich, das schändlich heruntergekommen ist mit den Jahren: erstickte Wälder, verschmutzte Gewässer. Und er, der Herr und Gebieter des Riesengebirges – wer kann wissen, weshalb er das alles zugelassen hat.

VERTRAG
Herrn Otfried Preußler, dahier
Gemeinde Haidholzen

Forstleute und Naturschützer sind auf beiden Seiten der Grenze darum bemüht, die abgestorbenen Wälder neu aufzuforsten. Einen der Setzlinge haben die Schulmeistersleute nach Bayern mitgenommen, dort wächst er in ihrem Garten heran. Sie wünschen von ganzem Herzen, dass es gelingen möge, die böhmisch-schlesischen Wälder zu retten: schon um der Kinder willen, die jetzt dort aufwachsen. Tschechische Kinder, polnische, nur ganz wenige deutsche noch.

Die Frau des einstigen Schulmeisters und ihr Mann sind längst keine armen Leute mehr, aber auch nicht mehr jung. Als sie noch jung und arm waren, arm wie die armen Leute im Märchen – wie hätten sie damals vorhersehen können, wie weit sie es einmal bringen würden mit Gottes Segen? Auch ihr Hauspatron Rübezahl mag daran nicht ganz unbeteiligt gewesen sein.

Weit liegt der Tag zurück, an dem ich den Vater zum ersten Male ins Riesengebirge begleiten durfte; fünfzig Jahre und mehr sind ins Land gegangen, seit ich mit meinem Freund in den nächtlichen Winternebel geraten war. Heute steht unser Haus am Rübezahlweg in Haidholzen, umgeben von guten Nachbarn, umgeben von einem Garten mit Blumen, Gräsern, Sträuchern und Bäumen, darunter auch jene riesengebirgische Fichte; mit Gottes und Rübezahls Hilfe hat sie gleich uns in Haidholzen Wurzeln geschlagen. Ich denke, es war an der Zeit und es war wohl auch ein Gebot der Dankbarkeit dieses Buch zu schreiben:

MEIN RÜBEZAHLBUCH

Inhaltsverzeichnis

Eine Geschichte zuvor

Das erste Dutzend

Eine Geschichte mittendrin

Das zweite Dutzend

Eine letzte Geschichte

Preußler, Otfried:
Mein Rübezahlbuch
ISBN 978 3 522 16803 8

Gesamtausstattung: Herbert Holzing
Schrift: New Baskerville
Satz: KCS GmbH in Buchholz/Hamburg
Druck und Bindung: GGP Media GmbH, Pößneck

in der Thienemann-Esslinger Verlag GmbH,
Blumenstraße 36, 70182 Stuttgart
Bei Fragen zum Produkt: service@thienemann.de

12. Auflage 2026

www.thienemann.de
www.preussler.de

MIX
Papier | Fördert
gute Waldnutzung
FSC® C014496

PRODUZIERT MIT VERANTWORTUNG